GARTEN IN POLLN
TAGEBÜCHER
1896 - 1914

Gärten sind Orte des Glücks, Erinnerungen ans Paradies. Auf einem Stück Bauernland in Polln vor den Toren Dachaus hat der Münchner Tieranatom Geheimrat Stoß um 1900 einen großen Garten angelegt. Da gab es Sommerblumen, Gemüsebeete, Obstbäume, einen Springbrunnen und Rosen. Pferde, Ziegen und Schafe bevölkerten ihn. Man wuchs hinein in das alte Dachau, ritt aus ins weite Moos und freundete sich mit Malern an. Die Tagebücher der heranwachsenden Kinder spiegeln dieses Leben in der unverblümten Sprache der Jugend wieder, die voll Humor und Liebe zur Natur ist. Darüber hinaus sind die Aufzeichnungen zusammen mit den gleichzeitigen Photographien ein einzigartiges Dokument für die Künstlerstadt um die Jahrhundertwende.

Garten in Polln

Dachauer Tagebücher
der Familie Stoß
1896 - 1914

herausgegeben
von

Ida Stoß und Peter Dorner

Dorner Verlag

1. Auflage 1995
C 1995 by Dorner Verlag, 83457 Bayerisch Gmain.
Alle Rechte vorbehalten.
Umschlag, Satz, Layout: Dr. Peter Dorner.
Druck: CL. Attenkofer'sche Buch- u. Kunstdruckerei, Straubing.
Printed in Germany.

ISBN 3-9804753-2-8

Inhaltsverzeichnis

Vorwort

1949 starb 90jährig in Dachau Geheimrat Professor Dr. Dr.h.c. Anton Stoß. Die Stadt hat seine Bedeutung durch die Benennung einer Straße mit seinem Namen gewürdigt. Als Lehrer für Tieranatomie an der Universität gehörte er zum Münchner Geistesleben. Sein Tusculum lag in Dachau. Für seine Kinder wurde es ein Jugendparadies. Dies beweisen die Tagebuchaufzeichnungen, die, ergänzt durch Briefauszüge, hier vorgelegt werden.

Die Idee einer Veröffentlichung kam uns schon vor vielen Jahren bei der Ordnung des Familienarchivs. Nach reiflicher Überlegung entschieden wir uns für die Periode bis 1914, da dieses Jahr allgemein eine Zeitenwende markiert. Wir haben bei der Auswahl der Texte der menschlichen Seite, der Landschafts- und Milieuschilderung den Vorrang gegeben.

Geheimrat Stoß hatte sich schon früh der Photographie zugewandt, ausgehend von der wissenschaftlichen Lichtbildnerei für den akademischen Unterricht. Die Bilder sind sorgfältig komponiert, einerseits bedingt durch die damals noch komplizierte Aufnahmetechnik, doch auch aus einem feinen Gefühl für Bildgestaltung heraus.

Für die Abbildungen des vorliegenden Buches konnten die originalen Glasnegative herangezogen werden.

Frau Dr. med. Ida Stoß - die jüngste Tochter von Geheimrat Stoß und Mitautorin dieses Buches - ist am 27. April 1992 im Alter von 94 Jahren verstorben. Wir haben das Manuskript noch gemeinsam abgeschlossen.

Dachau, Pollnstraße
Juni 1995   Peter Dorner

Garten in Polln

Zwischen Häuserreihen, Asphaltstraßen und Betongehsteigen im unteren Dachau liegt ein Garten, der von all dem landverbrauchenden Wachsen der Stadt nicht ergriffen wurde, wohl deshalb, weil seine Besitzer dort immer das Wachsen der Natur behütet haben. Während überall in der Umgebung der Boden abgetragen und wieder aufgeschüttet wurde, die Schotter darunter aufgebrochen wurden für schwere Fundamente, Wasser abgepumpt, Rohre und elektrische Kabel verlegt wurden, ist in dem Garten alles so geblieben, wie es die Schmelzwasser der Eiszeit und die Hochwasser der Amper einst übereinander abgelagert haben. Die Bearbeitung des Bodens hat höchstens die Tiefe eines Spatens oder eines Ochsenpfluges erreicht.

Alte Photographien zeigen den Garten eher als Ausdruck städtischen Geschmackes im weiten Land. Heute dagegen scheint dieses Land sich auf das grüne Fleckchen Erde zurückgezogen zu haben, das so ein Fenster geblieben ist zu einer Auenlandschaft der Gewässer, die reich verzweigt zu Füßen des Dachauer Berges dahinzogen: Amper, Würm und Gröbenbach. „In den Häggen" hieß es hier einst, was soviel bedeutet

wie Au der Altwasser. Die Hackenängerstraße
erinnert noch daran.

*Der Garten in Polln um 1900. Im Hintergrund links die
kleine Moosschwaige an der Straße nach Schleißheim*

10

Überhaupt decken die Straßen noch am ehesten alte Bezüge auf. Etwa die Schleißheimerstraße, schnurgerade auf das Schloß des Kurfürsten Max Emanuel weisend, einst ein Weg neben dem Kanal. Dann die Pollnstraße. Sie hat ihren Namen nach dem Edelsitz Polln, den sie berührt, auch sie nichts anderes als ein Weg neben dem Kanal vom Gröbenbach zur Würmmühle, angelegt auf dessen Aushub[1]. Wie am Schleißheimer Kanal, so ist auch entlang dem Pollnbach eine Reihe landwirtschaftlicher Anwesen entstanden, deren stattlichstes der Sitz Polln mit mehreren Gebäuden war[2]. Eines dieser „Gütl" wurde 1896 von dem nachmaligen Professor für Tieranatomie Geheimrat Dr. Anton Stoß erworben. Er war es, der dort im Laufe seines Lebens den Garten anlegte, von dem hier die Rede ist.

Zunächst galt es das kleine Bauernhaus, das ganz in der Nordostecke des Areals stand, städtischen Wohngewohnheiten zu adaptieren. Es wurde eine merkwürdige, aber originelle Mischung aus landwirtschaftlichem Anwesen und Vorstadtvilla der Gründerzeit. Stand es einst - auch dies beweisen noch heute alte Photographien - als eher fremdartiges Gebilde in der Landschaft, das Haus mit niedrigem Erdgeschoß und Rustikaverblendung, Rollentor zum Heuboden, einem bürgerlichen Wohngeschoß mit Segmentbogenfenstern und Jalousieläden, Veranda

Haus Stoß um 1900.
Front zur Pollnstraße

und Mansardendach, so ruht es heute eher beruhigend im Grünen, überwölbt von den weiten Ästen einer alten Lärche.

Wie am Haus, so trafen auch am Garten mehrerlei Elemente zusammen. Da er nicht nur ästhetischen Zielen dienen sollte, sondern auch als Nutzgarten, entstanden mehrere Bereiche: ein Obstgarten mit Kellerbau, Quartierbeete für Blumen, Gemüse und Beeren, einige Wiesen und schließlich eine barocke Wegachse mit Rosenbeet, Springbrunnen und Lattenpavillion.

Als Besonderheit blieben die Geländestufe des alten Gröbenbachufers sowie ein Stück seines Laufes als Altwasser erhalten. Was heute als alter Baumbestand erfreut, wurde damals angepflanzt: die Eschen und Eichen am Bachufer, die seltenen Nadelbäume am Gartenweg. Die Obstbäume erwarb Geheimrat Stoß in der königlichen Hofgärtnerei in München. Noch ist auch einiger längst verschwundener Baulichkeiten zu gedenken: des Salettls für sommerliche Kaffeerunden und Kunstausstellungen der Kinder, des Wasserrades, das den Springbrunnen mittels einer Pumpe speiste, des ovalen Schwimmbeckens mit Badehäusl, des selbst angelegten Tennisplatzes. Noch immer steht das Stallgebäude für Pferde, Ziegen und Federvieh. Daß bei allen praktischen Erwägungen immer auch ästhetische Gesichtspunkte maßgebend waren, beweist die lückenlose Reihe der Photographien, auf denen der immer sich wandelnde Zustand des Gartens bis zum heutigen Tage festgehalten worden ist.

Der Garten als Bild - hier finden auch die künstlerischen Strömungen des Impressionismus einen Widerschein. Es war die Zeit, in der die Malerei die Dachauer Landschaft entdeckte. Die Bilder sind geblieben, das Objekt erlag der Verwandlung. Wenn auch die Benennung eines Kunstwerkes für seinen Ausdruck unwesentlich ist, so ist es doch nicht ohne Reiz, über Welt und Bild des versunkenen Landes etwas zu erfahren. Neben die Briefe und Photographien von Geheimrat Stoß stellen sich die lebendigen Tagebücher seiner Kinder.

Viel freies Land war es, flach, mit großem Himmel, nur von einigen Siedlungskernen durchsetzt: Polln, Augustenfeld, Etzenhausen. Sie sind erst 1939 in der Stadt Dachau aufgegangen[3], die dadurch namengebend wurde auch für das Gelände, das in den Tagebüchern als Würmwald leuchtet, wegen seiner Abseitigkeit im ersten Weltkrieg Standort einer Pulverfabrik

Im Würmwald um 1900. Hier entstand später das Konzentrationslager Dachau

15

wurde und welches dann das Hitlerregime in einen Ort der Gewalt und des Todes verwandelt hat: das Konzentrationslager Dachau. An seiner Stelle ist heute eine Mahnstätte, die über die Generationen hinweg den Menschen den einzig gültigen Weg des Zusammenlebens weisen soll: die Menschlichkeit. Die Dachauer haben ihren Namen dazugegeben und das ist nicht das mindeste. Im Sonnenglast am Altwasser, wie er aus einem Strützel-Gemälde leuchtet[4], im photographischen Bild silbern auf gläserner Platte bewahrt oder in der unbekümmerten Entdeckungsfahrt der Stoß-Buben, von der die alten Tagebücher erzählen, kann die Vorahnung des Schrecklichen nicht liegen. Die Geschichte legt die Ereignisse eben übereinander wie die Erdschichten im Garten.

Familie Stoß

Dicht unterm Dach, vom Speicher nur durch eine dünne Mauer abgeteilt, liegt eine kleine Bibliothek, ein schmaler Raum, dessen Seiten von zwei Schränken mit Schiebetüren eingenommen werden. Hinter ihnen stehen in malerischer Ordnung Bücher, Photoalben, Briefe, Manuskripte und noch viel anderer geistiger Hausrat. In der Mitte des Raumes ist ein alter, dunkler Schreibtisch so aufgestellt, daß der Blick des an ihm Schaffenden durch das Fenster hinauswandert in den Garten. Er verliert sich dort in den Wogen der Bäume, verfolgt wohl auch den sorgsam gefaßten Kiesweg, der in diese grüne Welt hineinführt, unterbrochen nur vom Rosenrondell und dem Springbrunnen. In dieser Bibliothek sind dem Gedächtnis auf altem Papier Erinnerungen bewahrt, die längst ihre Träger mit ins Grab genommen hätten.

Als Geheimrat Stoß 1896 das Anwesen in Polln erwarb, beabsichtigte er die Landwirtschaft in dem neuen Besitz nach eigenen Ideen fortzusetzen zum Nutzen und zur Freude für seine in München lebende Familie: seine Frau Wilhelmine, geborene Fürst, die 9jährige Johanna, den 8jährigen Anton, den 7jährigen Walther und die

*Familie Stoß 1910. Von links: Walther, Hanna,
Geheimrat Stoß, Ida, Wilhelmine Stoß, Margarethe*

5jährige Margarethe. Ida, die jüngste der fünf Geschwister kam erst zwei Jahre später zur Welt.

Der Ankauf in Polln war gewissermaßen eine Rückkehr in die Heimat. Der Großvater Michael Stoß (1799 - 1865) war Gütler in Hebertshausen. Für seinen Sohn Anton, den Vater von Geheimrat Stoß, erlangte er im Schloß Haimhausen eine Stelle als Gartengehilfe. Weite Parkanlagen mit Teichen erstreckten sich einst um den schönen Barockbau. Ihre Reste prägen noch heute die Au zwischen Schloß und Amper. Hier sollte der Wirkungskreis des jungen 1828 geborenen Anton sein. Graf Butler, dessen Familie Haimhausen bis 1892 besaß, fand aber, daß der aufgeweckte Bub besser ins Schloß paßte. Als Leibdiener des Grafen begleitete er diesen auf vielen Reisen, gewann so Weitblick und innere Freiheit. Später wurde er ein erfolgreicher Kaufmann und betrieb bei Miesbach eine der ältesten bayerischen Zementfabriken. Als angesehener Privatier beschloß er, zuletzt erblindet, 1911 in Starnberg sein Leben

Sein 1858 geborener Sohn Anton war der älteste von vier Geschwistern. Die finanzielle Basis des Vaters gab ihm die Möglichkeit zu einer akademischen Laufbahn. Er studierte Tiermedizin und wurde nach Abschluß des Examens 1881 Assistent für pathologische Anatomie, war dann von 1882 bis 1884 Assistent an der Medizinischen Klinik und ab November 1884 Prosektor am Anatomischen Institut der Tierärztlichen Hochschule in München. 1889 schrieb er eine „Anleitung zu Sektionen und Präparierübungen an unseren Haustieren". Das Thema der Arbeit, mit der er 1892 promovierte, lautet: „Untersuchungen über die Entwicklung der Verdauungsorgane, vorgenommen an Schafsembryonen". Am 16. April 1897 ernannte Prinzregent Luitpold Dr. Stoß zum außerordentlichen Professor für Anatomie, Histologie und Embryologie an der Tierärztlichen Hochschule. Daneben lehrte er seit 1895 als Dozent für Tieranatomie auch an der Landwirtschaftlichen Abteilung der Technischen Hochschule in München, von 1900 - 1923 Tieranatomie für Künstler an der Akademie der Bildenden Künste in München. Für den Verein Münchner Lehrerinnen hielt er Fortbildungskurse über Chemie und Mineralogie. 1888 erschienen diese Vorträge im Druck. Ihre Eingangsworte sind durch die in ihnen liegende Überschau auch heute gültig: „Es ist eine unleugbare Tatsache, daß in unserem Jahrhundert auf allen Gebieten der Naturwissenschaft Fortschritte gemacht wurden, die von tiefgreifender Wirkung auf das gesamte Kulturleben sind."

Richtfest am Neubau 1900

Die Jahrhundertwende brachte Dachau bedeutenden Zuzug an neuen Bewohnern. Dieses Wachstum ließ aus lichter Siedlung den „Unteren Markt" entstehen und näherte dadurch die Gemeinden auf der Ebene dem alten Ortskern. Auch in Polln und Augustenfeld bauten „Zugereiste", und das Stoß'sche Anwesen stand bald nicht mehr allein. 1900 erstellte Geheimrat Stoß an der Ecke der heutigen Johann Ziegler Straße zur Feldiglstraße den „Neubau", dessen Parterre dann der verwitwete Schwiegervater Jakob Fürst mit seiner unverheirateten Tochter Caroline bezog[5]. Das Obergeschoß wurde vermietet. Unter anderem wohnten hier die Maler Fritz Scholl und Carl Reinhold. Letzterem gefiel es so gut, daß er nebenan ein Stück Wiese erwarb und hier ein eigenes Haus baute. 1905 konnte er einziehen. Das Haus steht noch, wenn auch verändert[6], während der Stoß´sche Neubau inzwischen einem Bürohaus gewichen ist. Auch ein weiteres Anwesen gleich anschließend in der Feldiglstraße steht zur Familie Stoß in Beziehung. 1903 wurde es im fränkischen Stil vom Schwager Fleischmann erbaut, versehen mit mancher Zierart. Es ist das Haus, das später der Maler Willy Orth erwarb, in dem viele Jahre der Bildhauer Wilhelm Neuhäuser mit seiner Familie lebte. Auch dieses Haus steht noch[7].

Das Anwesen Nr. 5 der Pollnstraße, das Fürst-

Haus, hat der Bruder von Frau Wilhelmine Stoß erbaut und sogar ein Atelier dort eingerichtet[8]. Auch hier haben sich Maler eingemietet. Das künstlerische Talent des Sohnes Ludwig wurde dadurch wesentlich gefördert. Ludwig Fürst ist später Zeichenlehrer geworden. In seinen frühen Landschaftsbildern finden wir das Licht und den Pinselstrich impressionistischer Vorbilder. „Wigo", wie er in der Familie hieß, sein Bruder Fritz und die Stoßbuben waren unzertrennliche Freunde.

Malerfreunde

Um 1900 war Dachau gerade für die Malerei entdeckt worden. Als „Neu-Dachau" ging es in die Kunstliteratur ein,[9] gleich Barbizon oder Worpswede. Die Ebene zu Füßen des Marktes war es, die den Reiz ausübte mit Wassern und Weite, Wolken, Baumgruppen und einsamen Gehöften. So schildert es bereits Arthur Roeßler 1905[10], so sprechen es die Bilder aus. Der Markt erscheint meist als abschließende Kulisse, und es fällt auf, daß er fast immer von der Ebene her erfaßt wird. Erst bei späteren Malergenerationen ist dies dann anders geworden. Der erste Ruhm gebührt daher Etzenhausen, der Würmmühle, Eisigertshofen, Augustenfeld, Polln und Mitterndorf. Wohnten sie auch in Dachau, zum Malen zogen sie hinaus ins Moos. Nicht der Marktplatz oder das Schloß waren die Lieblingsmotive, sondern die alte Schwaige am Schleißheimer Kanal oder der Gutshof von Polln, beide mehr der herrlichen Baumgruppen als der Gebäude wegen[11].

Als Geheimrat Stoß 1896 nach Polln kam, waren auch er und seine Familie von der Schönheit des Landes berührt. Das beweisen die Aufzeichnungen in den Tagebüchern ebenso wie die

Pollnstraße um 1900. Zeichnung von C. Reinhold

vielen - damals noch auf Glasplatten aufgenom-
menen - Photographien. Malerbekanntschaften
wurden geschlossen. Geheimrat Stoß hatte als
Lehrer an der Akademie der Bildenden Künste
enge Beziehung zum Münchner Kunstleben. Am

Mittwoch von drei bis fünf Uhr nachmittags hielt er Kolleg über Tieranatomie. So gingen Verbindungen zu Professor Wilhelm von Rümann (1850 - 1906)[12], dem Schöpfer der Löwen an der Münchner Feldherrnhalle. Ein Billet von Rümanns Hand ist erhalten: „Sehr geehrter Herr Doktor! Mit ergebenstem Dank sende ich die Pferde zurück. Hochachtend R." Noch heute beweisen zahlreiche Photos die Vorliebe von Geheimrat Stoß für das Pferd, über das er 1910 einen Vortrag mit dem Titel „Das Pferd in naturgeschichtlicher und kultureller Hinsicht" hielt. Geliebt von der ganzen Familie war die „Kitty", die vom Schlachthof gekauft, die Freude der Kinder in Polln wurde und auch als Modellpferd für die Künstlervorlesungen posierte.

Dem Hause Stoß verbunden war der Maler Wilhelm Maigatter. 1875 in Hildesheim geboren, kam er 24jährig 1899 erstmals nach Dachau, wo er im „Münchner Kindl" wohnte[13]. 1900 hatte er sich bei Stoß eingemietet. Bis 1904 läßt sich seine Anwesenheit in Dachau verfolgen. 1901 logierte er bei Stahl in der Schleißheimerstraße. Hier hatte auch Otto Strützel sein Atelier. Man muß Maigatter zu seinen Schülern zählen. Wiewohl nur wenige Bilder von ihm bekannt sind, zeigen diese doch auffallende Elemente, die auf Strützel weisen. Ein wohl um 1900 gemaltes Bild „Am Gröbenbach" ist in seinem klaren Licht, der

Neben dem Neubau wird das Reinhold-Haus
errichtet. Blick in Richtung Schleißheimerstraße.
Um 1905

Temperatur der Grüntöne und den blauen Schatten eng verwandt mit Strützels Bildern von 1891, die seine Frau und seine Tochter einmal an der Amper, das andere Mal im Garten zeigen[14]. Maigatter ging sogar so weit ein Strützel-Motiv[15] direkt zu wiederholen. In feinen Brauntönen hat auch er denselben einsamen Moorhof mit kahlem Baum und Tümpel davor gemalt, nur mit dem Unterschied, daß er die Weite der Landschaft etwas weniger hereinnahm als Strützel.

Der Amerikaner Gardner Symons (1863 - 1930) war zweimal in Polln. Von August 1899 bis Januar 1900 bewohnte er mit seiner Frau bei Familie Stoß das „Dachauerzimmer" mit dem schönen Blick nach Westen. Er hat mit feinem Strich gemalt und den Bericht neben die Stimmungswerte gesetzt. Von Polln sind die Symons nach Venedig gefahren und weiter über Paris und London zum Malerort St. Ives in Cornwall, wo sie im Februar 1900 ankamen. Die Ausstellung der in Europa gemalten Bilder in Amerika war für Symons ein großer Erfolg. Das Ehepaar war noch einmal von Oktober 1908 bis März 1909 in Polln, wo es im Hause Fürst logierte. Die Weiterreise ging wieder über Paris[16]. Von Mrs. Symons sind ausführliche und herzliche Briefe an Frau Wilhelmine Stoß erhalten.

Es besteht kein Zweifel, daß eine lebendige Zeichnung von Tony Binder in der Dachauer

Gemäldegalerie Frau Reinhold darstellt[17]. Der Zwicker vor den lebhaften Augen, das Band am Hals, typische und unverwechselbare Accessoi-

Carl Reinhold 1908

res der „Frau Oberstleutnant", ebenso wie der Hund Scholi als Begleiter das Markenzeichen ihres Mannes war. Dieser, der kgl. preußische Oberstleutnant Carl Reinhold, war nach Beendigung seines militärischen Dienstes mit 54 Jahren als Maler nach Dachau gezogen, auch er ein Freund der Ebene, der Bäume und Tümpel, der einsamen Gehöfte. In seinen Bildern erscheinen die Formen klar, als läge wenig Dunst in der Luft. Daß er Autodidakt war, dürfte nicht stimmen. Über seine Ausbildung wissen wir nichts. Es ist aber auffallend, daß er sich 1898 bei seinem Zuzug nach Dachau als Kunstmaler aus München ins Fremdenbuch eintrug[18]. Der ausdrucksstarke Kopf mit durchdringendem Blick und Bartschmuck ist uns durch ein Portrait-Medaillion von 1908 überliefert[19].

Zwei Sommer, 1911 und 1912, war die schwedische Malerin Ebba Orstadius (geb. 1885)[20] in Polln. Sie wohnte bei Fürsts und kam oft in den Stoß´schen Garten, wo der Tennisplatz lockte. Bald hatte sie sich mit Toni Stoß angefreundet. Dieser Tatsache verdanken wir einige Karten aus Schweden, die zeigen, daß sie gut deutsch sprach. Sie war kräftig, hatte ein breites Gesicht, das von üppigen Haarflechten gerahmt war. Lustige Augen blicken einen an. Gearbeitet hat sie fleißig und dabei alle berühmten Dachauer Motive aufgesucht. 1912 veranstaltete sie dann in „Lunds Universitäts Kunstmuseum" eine Ausstellung von 105 Werken, angekündigt durch ein weinrotes Plakat mit dicken, schwarzen Lettern. Eine Photographie zeigt sie malerisch in einem Armstuhl vor einer Bilderwand mit ihren Werken. Wiewohl man ja nur den Formeneindruck der Schwarzweißphotographie hat und daher sich ein vollständiges Urteil über ihre Kunst daraus nicht erlauben darf, zeigt jedenfalls die Anlage der Komposition, daß sie den herkömmlichen Rahmen nicht gesprengt hat.

Eggen mit den Ochsen
vom Liebhof

An der Schwelle
des Jahrhunderts

Im Obstkeller haben wir Stösse alter Zeitungen entdeckt. Trocken waren sie geblieben, aber arg vergilbt unter dem heißen Blechdach in den Sommern. Zudem hatte ein Marder sich hier einen Bau gerichtet. Was übrig war, haben wir ins Haus genommen, aus dem die Blätter wohl im Krieg wegen der Brandgefahr bei Bombenangriffen gekommen waren. Neugierig schlug ich eine der Münchner Neuesten Nachrichten aus dem Jahre 1907 auf. Unter einem blühenden Apfelbaum begann ich zu lesen, den Schubkarren als Tisch vor mir.

Die Zeit des Übergangs vom 19. zum 20. Jahrhundert erscheint uns heute aus immer vielfältigeren Facetten der Betrachtung. Eine Unzahl von Historikern hat sich auf das Thema geworfen, es seziert und Wurzeln freigelegt. Trotzdem möchte ich an die Stelle gelehrter Analysen das Wort nur eines Zeitgenossen setzen.

Bayern 1906. Hundert Jahre Monarchie. Der Historiker Sigmund von Riezler, Verfasser des großen bayerischen Geschichtswerkes, schreibt den Essay „Das glücklichste Jahrhundert Bayerischer Geschichte"[21]. Schon der Titel spiegelt wieder, was die meisten Menschen dieser Zeit erfüllte: der Glaube an den Fortschritt. Drei Zitate aus dieser Arbeit zeichnen die Zeit wohl voller als manche spätere Betrachtung: „Uns Deutschen ist kein großer Schatz von gemeinsamen geschichtlichen Festtagen vergönnt. Die alte Zerrissenheit der Nation und die Spaltung der Bekenntnisse bringt es mit sich, daß der eine als Sieg und Fortschritt feiert, was dem anderen Unterliegen oder Untergang bedeutet." - „Auf mühe- und leidensvollen Wegen haben wir uns über die unklare Freiheitsbegeisterung der dreißiger und vierziger Jahre zu der doppelten Überzeugung durchgerungen, daß als dienendes Glied dem großen Ganzen sich anzuschmiegen die schönste Bügerpflicht ist und daß politische Freiheit nur politisch beschränkte Freiheit sein kann." - „Frohen Mutes dürfen wir trotz allen Gewölkes, das am Horizont dräut, in die Zukunft blicken. Überbietet das kommende Jahrhundert an neuen Errungenschaften, an geistigem und materiellem Fortschritt seine Vorgänger so, wie dieser das achtzehnte Jahrhundert überboten hat, ja hält es nur gleichen Schritt mit seinem Vorgänger, so mögen wir uns in den kühnsten Träumen wiegen von den Herrlichkeiten, die unseren Enkeln beschieden sein werden."

Stilleben mit Korbmöbeln

Es war die Prinzregentenzeit, deren äußeres
Signum der Regent war, der alte Herr mit dem
Bart, oft kritisiert, doch von allen geachtet und

35

verehrt. 1890 feierte unter seiner Schirmherr-
schaft die kgl. bayerische Zentral-Tierarzneischule ihr 100jähriges Bestehen[22]. Das Festdiner
fand am 28. Juli im alten Rathaussaal zu München statt. Auch Geheimrat Stoß war unter den
Gästen. Es gab Krebs-Suppe, Rheinsalm in
Sauce Hollandaise, Filet mit Bohnen und Mixed
pikles, Hühnerragout mit Pastetchen, Rehbraten
mit Salat und Compot, Pudding à la Nesselrode.
Zum Dessert Obst und Käse. Dazu erlesene
Weine. Als Tafelmusik kamen unter anderem ein
Ungarischer Tanz von Brahms, das Königsgebet
aus Lohengrien und eine deutsch-österreichische
Schützenquadrille von Strauss zum Vortrag.
Doch man sollte diese Feier nicht als Idylle
begreifen wollen. Die Gespräche an der Festta-
fel kennen wir nicht, sie werden aber kaum vorwiegend das Jagdglück seiner Königlichen
Hoheit oder die neueste Kunstausstellung im
Glaspalast zum Gegenstand gehabt haben. Im
Jahre 1890 gab es brisantere Themen: Die Ent-
lassung Bismarcks vom März, der Rücktritt des
bayerischen Ministerpräsidenten Lutz. Man lag
in der Endphase des Kulturkampfes, der Ause-
inandersetzung zwischen Kirche und Staat, aus-
gelöst durch das Dogma der päpstlichen Unfehl-
barkeit. Im Januar war Ignaz von Döllinger, der
sie bestritten hatte, im Kirchenbann gestorben,
ein großer Gelehrter mit scharfer Zunge. Auch

im Hause Stoß hing sein Portraitstich golden gerahmt in Anerkennung seiner aufrechten und mutigen Gesinnung.

Es hieße Wesentliches auslassen, ließe man die Technik unerwähnt: die Einführung der Elektrizität in München oder die Eroberung des Luftraumes[23]. Das Aufsehen, das der erste Zeppelin erregte, spiegelt die Schilderung von Ida Stoß in ihrem Tagebuch. 1906 wurde der Grundstein zum Deutschen Museum gelegt.

Als 1911 der Prinzregent seinen 90. Geburtstag und das 25jährige Regierungsjubiläum[24] feierte, kam von Kaiser Wilhelm II. aus Berlin die Glückwunschadresse: „Allezeit stets bereit für des Reiches Herrlichkeit". Dagegen schrieb Kaiser Franz Joseph aus Wien : „Das Bewußtsein treu erfüllter Pflicht steht uns im Glücke erhebend und in trüben Stunden tröstend zur Seite". Beide Adressen drücken unzweifelhaft die Überzeugung der Gratulanten aus und geben dadurch sehr eindrucksvoll die inneren Spannungen dieser Epoche wieder.

Tagebücher
und Briefe

1.5.1896
Tagebuch Geheimrat Stoß
Ende April waren ein paar schöne Tage. Ich benutzte sie, da noch Ferien waren, um mich bezüglich eines Platzes auch noch anderweitig umzusehen, zunächst in Dachau. Es war letzten Samstag, der einzig wirklich schöne Tag. Ich fuhr mit Anton nach Allach, von wo aus wir nach Dachau gingen. Anton ging die 6-7 km spielend in einer Tour.

23.5.1896
Tagebuch Geheimrat Stoß
Den ganzen Tag Regen. Früh 7 h Papa an der Bahn erwartet und mit ihm nach Dachau gefahren. Die Hoffnungen etwas zu kaufen waren sehr gering, da der angesehene Brachacker gar kein Kaufobjekt war. Martel[25] hatte sich nur sehr mangelhaft informiert, dafür aber umso gescheiter geschwätzt. Martel kam in Dachau an die Bahn. Wir gingen in strömendem Regen nach Polln und maßen die Äcker. Inzwischen kam Papa mit einem Bauern Glas, Bürgermeister in Polln bezüglich Verkauf dessen Anwesens zu sprechen. Wir verhandelten in dessen Wohnung bis

38

Die alte Münchner Straße
in Richtung zur Amperbrücke

11 h. Endlich einigten wir uns. Martel kaufte ihm dann noch privatim ein Pferd, 2 Schweine, 1 Wagen, 2 Eggen, 1 Pflug, 1 Karren ab. Martel hat dabei den besten Schnitt gemacht. Wir aßen beim Zieglerbräu und gingen dann um $^3/_4$ 2 zum Notar, woselbst die Verbriefung bis 4 $^1/_2$ Uhr dauerte. Um $^1/_2$ 5 ab nach München, um 5.2o Papa nach Starnberg. Abends hatten wir natürlich viel über den unerwarteten Ausgang zu sprechen und die annähernde Rentabilität zu prüfen. Von den beiden Schweinen wird eines nach Starnberg geschickt, eines werden wir „liefern", um mit Anton zu sprechen. Papa war auf der ganzen Tour bester Laune und freute sich sehr über seinen Kauf.

24.5.1896
Großvater Stoß aus Starnberg
Wir schicken Dir junge Gurkenpflanzen und Feuerbohnensamen, vielleicht hast Du noch andere von verschiedenen Sämereien, auch Rettich. Jetzt wäre die richtige Zeit.

25.5.1896
Tagebuch Geheimrat Stoß
Um 12 h auf dem Markt noch Bohnensamen eingekauft, dann sind wir um 1.5o nach Dachau. Wir trafen mit Vater, Carolin und Det auf dem Bahnhof zusammen. Das Gedränge beim Einsteigen war ein unvergeßliches. Trotz neu angefügter Wagen mußten wir wie viele andere auf den Gän-

gen und auf der Plattform stehen. Von Allach ab wurde es besser. Anton und Walther verstummten ganz als sie Mama und Det[26] nicht in unserem Wagen wußten. Auf dem Perron trafen wir mit Generalarzt Wagner und dessen Tochter zusammen. In Dachau verabschiedeten wir uns und gingen landeinwärts dem „Rittergute" zu. Unter strömendem Gewitterregen, der aber nur einige Minuten anhielt, kamen wir hin. Glas war nicht zuhause, nur die Frau mit ihren vier Kindern. Sie war sehr freundlich und entgegenkommend. Vater gefiel alles sehr gut. Mina war von der Enge und Niedrigkeit der Wohnung sehr deprimiert. Wir überlegten alle möglichen und unmöglichen Abhilfsmittel und wollen nun die Hälfte des Stalles zum Schlafzimmer machen. Mit Anton und Walther bepflanzte ich einige Beete mit Erbsen und Zwergbohnen. Vater ging indessen voraus zum Zieglerbräu, wo wir dann mit ihm und Wagners zusammentrafen. Um 7.25 Heimfahrt unter ähnlichem Gedränge. Die Kinder fanden sich in Polln gleich heimisch, besonders Anton bestieg mit den Buben Glas einen Apfelbaum und war gleich befreundet. Det war selig über die vielen Blumen, Walther nur still vergnügt.

1.6.1896

Geheimrat Stoß an seinen Vater

Letzten Sonntag war ich wieder draußen und hab den noch nicht bebauten Acker mit Erbsen und

Beim Torfstechen im Moos

Bohnen bepflanzt. Der Acker ist gut gedüngt. Es darf jetzt nur regnen! Ich war auch mit Glas im Moos. Dasselbe ist schön beisammen, einerseits von einem Bach begrenzt. Der ist sehr fischreich, halbmeterlange Hechte sind drin zu sehen. Das

Fischrecht hat Professor Rümann, Kunstakademie. Die anderen Seiten sind durch tiefe Gräben begrenzt, der noch vorhandene Torf hat 2 Stich und ist $^1/_2$ - $^1/_4$ des gesamten Mooses. Ca. 1 Tagwerk des ausgestochenen Grundes ist mit Hafer bebaut. Ein größerer Teil ist mit Kunstdünger gedüngt und steht das Gras sehr schön. Der übrige Teil zeigt mir schlechten Wuchs.

4.8.1896

Geheimrat Stoß an seine Eltern

Mina fühlt sich so wohl in ihrer Bäuerinrolle, beim Butterrühren und Topfenkäs machen, daß sie mit der vollständigen Aufgabe der Wirtschaft nicht recht einverstanden ist. Onkel, oder vielmehr „der Herr Vater", wie er hier heißt, ist heute mit der Dirn Cenzi im Moos. Er pflügt das Brachfeld, und sie richtet Torf auf. Eine Bierschenke ist auch gleich nebenan, da werden sie's schon aushalten. Der Brunnen macht viel Arbeit. Der Kies ist kaum $^1/_2$ Schuh[27] tief, dann kommt wieder ein Meter tief Humus. Aber ich denke, daß er heute noch eröffnet werden kann.

7.8.1896

Wilhelmine Stoß an ihre Schwiegereltern

Eben wird gedroschen, da ein Teil des Winterkorns noch glücklich vor dem Regen eingebracht wurde. Wir wollen das Korn mahlen lassen, dann haben wir Kleie und schwarzes Mehl zum Verfüttern und Backmehl für Hausbrot. Da wir durchschnittlich wöchentlich 2 M Brot brauchen, so können wir das Backmehl für 100 M rechnen.

21.8.1896

Geheimrat Stoß an seinen Vater

Zunächst möchte ich mitteilen, daß gestern Zimmermeister Mayer[28] da war, um den Plan aufzunehmen. Nachdem einige Maße meiner Skizze stimmten, genügte ihm dieselbe. Er hat natürlich über den Aufbau seine eigene Ansicht, von der er schwer abzubringen ist. Wenn ich mit „wenn und aber" komme, sagt er: „A wos, an dem Anwesen können nie was verlieren". Mit einem Wort, ich glaube, daß der Plan, den er jetzt entwerfen wird, viel zu kostspielig sein wird. Auch hat er mir auf meine Andeutung über die Verwendbarkeit des Stadels gar keine Antwort gegeben. Er sagte nur: „Das Geraffel reißens ja doch weg".

23.8.1896

Großvater Stoß an seinen Sohn

An den vier Ecken des Hauses sollen auch Lisenen angebracht werden, wie sie auch an unserem Hause sind, daß zwei Altanen angebracht werden sollen, wirst Du ihm gesagt haben.

Wilhelmine Stoß 1912.
Phototermin im Moos

24.10.1896

Geheimrat Stoß an seinen Vater

Ich möchte Dir mitteilen, daß ich gestern in Polln war. Maurer sind nicht mehr draußen. Die Fensterstöcke sind eingemauert. Ich habe sie auch schon grundiert. Sonst ist aber noch nichts von Mayer gekommen. Der Glaser hat mit dem Einglasen angefangen, gestern und vorgestern hat er aber nicht gearbeitet.

11.12.1896

Großvater Stoß an seinen Sohn

Für die Kuh wollte der Mann M 160 geben, das finde ich doch zu billig, ich denke, da ja Futter da ist, daß Du sie behältst, bis der Preis höher wird, da das Thier doch trächtig ist. Hoffentlich wird das Futter bis dahin reichen. Gemolken muß aber die Kuh werden.

7.3.1897

Geheimrat Stoß an seinen Vater

Ich habe heute eine Sau gemetzgert und ein Rosenbeet - vorläufig aber noch ohne Rosen - angelegt. Ferner das Bohnenbeet um das achteckige Sommerhaus herum mit Thomasschlackenmehl gedüngt und Spinat gesät. Thomasschlacke[29] bekommt man nur bei einem Großhändler. Er stellte mir einige Pfund zu Versuchen gratis zur Verfügung.

Torffuhre aus dem Moos

30.3.1897.

Geheimrat Stoß an seine Eltern

Ich möchte nur kurz über meine letzte Anwesenheit in Polln berichten. Mayer habe ich gesagt, daß feststehende Jalousieläden zu machen sind. Die Thüren eignen sich nicht für Einlaßschlösser. Den Gärtner habe ich auch gesprochen. Er wird in der nächsten Woche herüberkommen. Nächsten Freitag ist in München eine Gewächsversteigerung, in die ich gehen werde. Ich muß Donnerstag nach Polln gehen und die Selchkammer fertig machen. Ich hab mir hier 2 Thüren hiezu machen lassen müssen, denn das beim Pollnbauer Geräucherte hat einen so starken Torfgeruch, daß ich gerne die eigene Räucherkammer fertig hätte.

23.4.1897

Geheimrat Stoß an seine Eltern

Entschuldigt, daß ich so lange nichts hören lasse. Es vergeht eben Tag um Tag so schnell in meiner neuen Stellung[30], daß man garnicht recht zu sich kommt. Vorgestern war ich, wie Euch Hannchen erzählt haben wird, beim Bumm und beim Minister. Gestern stellte ich mich mit Mina bei den verheirateten Professoren vor; morgen werde ich allein die unverheirateten und die Herrn am Polytechnikum einschließlich Direktor und Sekretär absolvieren. So oft ich nach Hause oder in die Schule komme, finde ich ein Paket Brie-

Geheimrat Stoß mit seiner Frau
vor dem Haus in Polln

fe vor. Aus allen Winkeln Bayerns kommen Gratulationen, die meisten wohl von Tierärzten, die Söhne haben. Heute habe ich mein renoviertes Zimmer einräumen lassen. 64 Examenskandidaten haben sich zum großen Teil schon vorgestellt.

23.4.1897
Geheimrat Stoß an seine Eltern

Gitterer[31] braucht noch 14 Tage mit der Fassade an der protestantischen Kirche. Sicher kann er den Beginn der Arbeit erst für Montag über 14 Tage versprechen. Mit dem Heu ist es nun zu Ende. Ich lasse Haberstroh und Futtermehl füttern. Die Kuh ist im Freien ziemlich unbändig; sie wird sich aber bald daran gewöhnen. Von der Geiß bekommen wir fast 2 ltr. Milch. Der neue Hund ist dasselbe Schaf wie der alte.

2.6.1897
Großvater Stoß an seinen Sohn

Vergesse nicht, daß M. den Kalk löscht, aber vorsichtig, und in die Gruben bringt.

11.8.1897
Geheimrat Stoß an seinen Vater

Die Zeit vergeht uns hier nur allzu schnell. Schon sind wieder 11 Tage der schönen Ferien dahin und doch ist noch so wenig geschehen. Überall sieht man so viel Arbeit und man bringt nur wenig vom Platz. Zur Zeit ist der Anstreicher bei uns. Ich muß ihn aber alle Tage von neuem holen.

27.9.1897
Geheimrat Stoß an seinen Vater

Die Frau Kiesel[32] findet sich schon ganz daheim. Sie glaubt immer etwas tun zu müssen und es ist ihr schwer klar zu machen, daß sie nur zum

Dasein da ist. Jetzt haben wir noch ein paar schöne Tage und da der Frost die Bäume noch nicht entblättert hat, gibt es ein schönes Herbstbild. Der Englische Garten prangt schon in allen Nuancen von gelb und rot. Wenn vielleicht Mama demnächst nach München kommt, werde ich mich erkundigen, ob ich die Feuerlilienzwiebeln hereinnehmen muß. Gladiolen jedenfalls. Bezüglich der Kaiserkronen hat mir Papa schon gesagt, daß sie draußen bleiben können. Die Malvenwurzeln sind wegzuwerfen. Rhabarber ausgraben?

22.11.1897
Geheimrat Stoß an seine Eltern
Bei uns ist alles gesund. Zur Zeit hat Walther Krankheitsvakanz, 14 Tage lang. Er lernt und schreibt aber täglich sehr fleißig. Die arme Det hat auch schon ihr liebes Kreuz mit der Schule. Wegen des Strickens hat es schon Tatzen abgesetzt. Der Anton bereist das große Einmaleins sehr schwer, und Hannchen bringt oft was zum Unterschreiben mit. Dazu noch Bibelsprüch und Gesangverse, Deklination und Konjugation und Ihr werdet begreifen, daß ich jeden Abend den Hauslehrer machen muß.

8.3.1898
Geburt von Ida Magdalena Stoß,
die in Polln getauft wird.

51

Die Pollnstraße mit Bach um 1900. Im Hintergrund die kleine Moosschwaige

16.3.1898.

Geheimrat Stoß an seine Eltern

Der kleinen Ida geht es ganz gut. Sie wird dem Schwenninger zum Trotz halb mit Soxhlet[33] halb mit Muttermilch ernährt und befindet sich dabei sehr wohl; nur sollte sie ihre Gewohnheit tagsüber zu schlafen und nachts sich auszuschreien etwas modifizieren.

24.5.1898

Geheimrat Stoß an seine Eltern

Ihr werdet durch Hannchen und Otto schon erfahren haben, daß es Anton ständig besser geht. Letzten Samstag sind wir nach Polln übergesiedelt. Nachdem um 2 Uhr alles zum Fortfahren bereit war, kam Dr. Strobl und gab die Reise absolut nicht zu. Er übernahm keine Verantwortung. Nachdem aber alles bereits vorbereitet war, entschloß ich mich doch Anton mit größter Vorsicht - Fiaker, II. Classe auf der Bahn - nach Polln zu bringen. Bis Mittag muß er im Bette liegen, nachmittag macht er wackelige Gehversuche im Garten. Bis jetzt hat es ihm sicher noch nicht geschadet.

24.5.1899

Briefe an Geheimrat Stoß von seiner Familie aus Polln

Liebster Anton!

Gestern erhielt ich Deine Karte, über die wir uns sehr freuten. Gestern noch zu schreiben war mir unmöglich, da um 9 Uhr Frau Zünckel mit Töchtern kam, mittags die gesamten Abeles und als wir eben beim Kaffe sitzen, kommt über die Wiese Vater in Begleitung von Inspektor Rudelsberger mit Frau. Abeles haben dann trotz der immer wiederkehrenden Regengüsse Reißaus genommen. Inspektors hat es sehr gut gefallen. Lieber Papa!

Den Hasen geht es gut. Bis jetzt nagten sie noch keine Bäume an. Gestern bemerkte ich, daß sie ein großes Loch in den Stall gruben. Mir und meinen Geschwistern geht es gut. Wir bekamen gestern große Gesellschaft. Auf baldiges Wiedersehen hofft Dein Sohn Anton.

Lieber Papa!

Heute ist der Frau Gottschalk[34] ihr Namenstag; zu demselben brachten wir ihr jeder ein Sträußchen. Herr Gottschalk, der Maler bei Onkel Fritz , hat gestern die 4 Buben und will heut mich und Det abzeichnen. Gehts Dir gut? Wir haben alle recht Zeitlang nach Dir. Deine Tochter Hannchen.

2.8.1899

Geheimrat Stoß an seine Eltern

Vor ein paar Tagen habe ich in meinem Wirsing einen Wildhasen gefangen und ihm dann einen Zwinger am Garten gebaut. Auch die hohe Jagdintendanz ist davon verständigt. Eine weitere Neuigkeit ist, daß wir das Dachauerzimmer an eine amerikanische Malerfamilie vermietet

haben, die zwar hauptsächlich wegen ihrer Höf-
lichkeit bei uns alles very splendid findet. Mina
quatscht eben mit der Mistreß Symons[35] englisch

vor dem Haus, so viel ich versteh, erteilt sie ihr theoretischen Kochunterricht.

Mary Symons aus Polln an Wilhelmine Stoß in München

Dear Mrs. Stoß!

We hope to leave here for Venice on Saturday morning, so shall be able to take dinner with you on Friday, but will have to leave for Polln again on 4.45 train, as we will have lots of work to get through with. With best and kindest regards. Sincerely yours Mary Symons. (Liebe Frau Stoß! Wir hoffen am Samstag Morgen nach Venedig abreisen zu können, können also am Freitag zu Ihnen zum Mittagessen kommen. Wir müssen nur mit dem 4.45 Zug nach Polln zurückfahren, da wir noch eine Menge zu erledigen haben. Von Herzen Ihre Mary Symons.)

23.2.1900

Mary Symons aus St. Ives, Cornwall an Wilhelmine Stoß

My dear Mrs. Stoß!

Don't think that we have forgotten yours and Dr's kindness to us both while we stayed in Germany. Our journey back to St. Ives has been a very long but very pleasand one. We stayed three days at Venice and with the gondela rides we enjoyed it very much. We stayed only one week in Paris, and one week in London so when you reekon up you will see that we have been here only a day or two. I arrived with a very bad cold it passed away after I left Germany, but as soon as I made appearance among the London fogs I got it back again not only a cold this time, but very deaf in the bargain. We shall never forget the good old times that we all had while in Polln, and are already talking about our return visit in two years time. Ever sincerely yours Sara Symons. (Liebe Frau Stoß! Glauben Sie bloß nicht, daß wir Ihre und Ihres Mannes Freundlichkeit zu uns beiden, als wir in Deutschland waren, vergessen haben. Unsere Reise zurück nach St. Ives war lang, aber sehr schön. Wir blieben drei Tage in Venedig und genossen besonders die Gondelfahrten. Wir waren nur eine Woche in Paris, eine weitere in London. Wenn Sie zusammenrechnen, sehen Sie, daß wir erst einige Tage hier sind. Ich kam mit einer ziemlichen Erkältung hier an. Diese ging vorüber, nachdem ich Deutschland verlassen hatte, war aber gleich wieder da bei dem Londoner Nebel, dieses Mal nicht nur als Erkältung, sondern als Bronchitis. Wir werden die schöne Zeit, die wir in Polln verlebten, nicht vergessen, und sprechen bereits über unser Wiederkommen in zwei Jahren. Ganz von Herzen Ihre Sara Symons.)

8.4.1900

Tagebuch Hanna Stoß

Am Freitag sind meine und Antons Osterferien angegangen. Um 1.50 fuhren wir, Papa, Anton und ich, nach Polln. Das Wetter war ziemlich schön. Anton schenkte mir einen jungen, weißen Hasen. Am Samstag regnete es; deshalb ist Mama nicht gekommen, sondern hat nur Walther geschickt. Wir haben am Sonntag keine Kirche gehabt, denn Dachau hat nur einen Reiseprediger, namens Rüdel[36], welcher Ida taufte und alle 4 Wochen predigt. Unsere Kirche ist nicht in Dachau, sondern in Augustenfeld, eine $^1/_4$ Stunde von Polln entfernt. Es regnete auch heute. Am Nachmittag haben Papa, Anton und Walther einen Kahn gemacht. Grethel und ich bekommen erst in den großen Ferien einen.

22.4.1900

Tagebuch Hanna Stoß

Am Ostermontag war der Kahn fertig und trocken. Wir fuhren auf dem Teich hinter Geitner, dem letzten Haus. Es ging nicht sehr gut, denn der Weiher war zu seicht. Am Donnerstag machten wir den größten Streifzug: Zuerst dem Felde entlang bis zur Fasanerie[37]; über den Grashof in den Wald, der nach der Würm beginnt; durch den ganzen Wald bis zum Gröbenbach, dort über einen zwei Brett breiten Steg in den andern Teil; in dem bis zum großen See, in des-

sen Nähe wir ein totes Reh fanden. Über einen
gefällten Baum kamen wir an eine Stelle, wel-

Die Würmmühle um 1900

che infolge vielen Regens vom übrigen Ufer
getrennt war. Dieses Stück Land war dicht mit
Sträuchern bewachsen, recht indianerhaft; am
Ende gelangten wir an eine Straße, auf welcher
ein Jäger ging. Wir frugen ihn, wo Polln liegt; er
deutete nur mit der Hand nach der entgegenge-
setzten Richtung. Zuerst kamen wir an die
Amper. Vor uns lag Etzenhausen. Quer über alle

Felder kamen wir bis zum Geitner. Über die Brücke auf der Straße heim.

3.6.1900
Tagebuch Hanna Stoß

Am Donnerstag, den 31. Mai, hat es bei Onkel Fritz gebrannt. Man weiß nicht, wie das Feuer auskam. Der ganze Dachstuhl sei abgebrannt, sagt Papa, welcher dabei war. Schade, daß ich nicht dabei war. Am Freitag hat mir Papa ein Skizzenheft mitgebracht.

19.7.1900
Tagebuch Hanna Stoß

Als ich zurückkam, eröffnet Ida das Bad im Bassin, indem sie den Stopsel, welcher in der Röhre, welche das Wasser zum Bassin führt, herauszog. Über Nacht lief es nur 2 dm ein. Am Samstag wurde er halb voll. Am Sonntag bis auf 1 $^1/_2$ dm. Aber wir durften doch 3 x am Tag baden.

19.8.1900
Tagebuch Hanna Stoß

Nachmittag fuhr ich mit Ludwig[38], Grethel, Walther und Murr in die Würmmühle. Vor der Würmmühle stieg ich und Grethel mit Wigo aus und gingen nach Prittlbach, welches 5 Minuten von der Würmmühle entfernt ist. Ich zeichnete Prittlbach von der Eisenbahnbrücke aus; Grethel strickte für Mamas Geburtstag, während Wigo wieder nichts zusammenbrachte. Als ich fertig war, wollten wir gehen. Wigo schlug vor, den

Weg zu gehen, welcher dem Eisenbahngeleise entlang führt. Ich frug ihn, ob er den Weg schon gegangen sei. Er sagte: „Nein, aber ich kenn ihn ganz gut." Also gingen wir diesen Weg. Bald kamen wir an eine Anhöhe[39], welche wir erstiegen und von wo aus wir eine wunderschöne Aussicht hatten auf den Wald und auf die Würmmühle. Es war ein angenehmer Wind; denn es war sehr heiß. Dann gingen wir einen kleinen Wald entlang und vor uns lag Dachau und Etzenhausen. Wir gingen die Anhöhe hinunter und einem Wiesenweg nach, welcher bald endete.

19.8.1900
Tagebuch Hanna Stoß

Am Freitag hat die schwarz und weiße Katze der Frau Kiesel meinen schwarzen und meinen weißen Hasen gefressen.

19.8.1900
Tagebuch Hanna Stoß

Als wir heimkamen, machte Herr Maigatter einen Froschkönig aus Romanzement für das Bassin.

28.10.1900
Tagebuch Hanna Stoß

Am Mittwoch, den 25. des Monats, ist Tante Caroline und Großpapa nach Polln in das neue Haus[40] gezogen. Es sieht noch garnicht herbstlich aus. Im Garten schon mehr. Das macht die öde Bohnenlaube. Bella ist schon ziemlich gewachsen; aber ganz hat sie sich noch nicht an die Kette gewöhnt. Die Hasen sind jetzt im Stall.

4.11.1900
Tagebuch Hanna Stoß

Im Circus war es sehr schön, erzählten mir Mama und die drei. Ich war aber doch lieber daheim. Auch habe ich 1 Mark bekommen. Papa, welcher seit Samstag in Polln war, kam abends und erzählte uns, daß Murr, welcher seit 1 Woche nicht mehr bei uns ist, am Sterben liegt. Er und sein Bruder, welcher beim Militär ist, wurden von Mehreren überfallen und ihm wurde die Gehirnschale eingeschlagen, während seinem Bruder Säbel und Gewehr genommen wurde. Nach dem Essen machte ich meine erste lateinische Skription. Ich habe 3 Fehler gemacht.

2.12.1900
Tagebuch Hanna Stoß

Am Sonntag war ich mit Mama und Papa im naturgeschichtlichen Verein. Zum ersten Mal hörte ich einen Vortrag von einem Universitätsprofessor. Er hieß Grätz. Ich glaube, über die Hälfte hat ihn nicht verstanden. Es handelte sich um die farbigen Photographien[41]. Man kann sie nicht, wie ich glaubte, wie andere Photographien auf Papier abziehen, sondern nur wie Schattenbilder. Er zeigte uns mehrere Exemplare.

31.12.1900

Tagebuch Hanna Stoß

Dann las uns Papa die „Tabakspfeife" vor aus Jordan's Andachten[42]. Ida schlief ein und wurde ins Bett gebracht. Wir blieben bis 12 Uhr auf.

12.3.1901

Tagebuch Hanna Stoß

Am Dienstag, den 12. März 1901, war der 80. Geburtstag Sr. königl. Hoheit des Prinzregenten Luitpold von Bayern. Wir hatten keine Schule. Bei Anton und Walther war die Schulfeier am Montag. Am Dienstag ging ich um 8 Uhr zur Schulfeier. Am Schluß bekamen wir ein kleines Buch vom Leben des Prinzregenten. Abends gingen wir alle, außer Ida, in die Stadt. Diese war ganz beleuchtet[43]. Auch wir haben Lichter hinaus gethan. Manche Häuser waren elektrisch beleuchtet. Der Brunnen am Sendlingerthor wurde mit Scheinwerfern beleuchtet. Am Stachus war ein furchtbares Gedräng. Der Prinzregent fuhr vorbei. Man sah aber kaum etwas. Das Dach des Justitzpalastes war wie eine Krone mit elektrischen Lichtern beleuchtet. Auch der Maximilianbrunnen war erleuchtet, elektrisch. Aber wir waren vor lauter Gedräng nicht ganz dort.

Tagebuch Hanna Stoß

Am Donnerstag, den 21. hat es so sehr geregnet, daß Oberstleutnants[44] nicht einziehen konnten, deshalb zogen sie am Freitag ein. Es schneite aber doch.

*Sog. Neubau (lk.) und Reinhold-Haus (re.) an
der Johann Ziegler Straße. 1912*

Rechnung

der kgl. Hofbaumschule München über 20 Flieder, 20 Johannisbeersträucher, 2 Lindenbäume, 10 Apfelpyramiden, 6 Apfelhochstämme. Summa 47 Mark.

Dezember 1901
Caroline Fürst an ihren Schwager Geheimrat
Stoß

Lieber Anton! Frau Kiesel hat gestern Christbäume gekauft, könnten wir davon nicht einen per Fracht an Euch schicken? Heute Nacht ging eine Patrouille auf der Suche nach Kneißl[45] bei uns vorbei - er soll von Sonntag auf Montag sich in unserer Nähe herumgetrieben haben. Die Haustüre ist repariert und können wir nun wieder ruhig schlafen. Die Fuhre Sand ist Montag früh gekommen. Die Pistole geht nicht los - willst duís nicht vielleicht untersuchen lassen, was dran fehlt. Euch allen herzlichen Gruß von uns beiden. Caroline.

2.4.1901
Tagebuch Hanna Stoß

Am Dienstag war Großmama da und half uns Würste machen, denn wir hatten ein Schwein geschlachtet. Der Preßsack zersprang, weil er zu voll war. Die Blutwürste wurden beim Räuchern schlecht.

Ende April 1901
Tagebuch Hanna Stoß

Walther lag die ganze Woche im Bett. Am Freitag um 2 h fuhr er mit Mama und Ida und Greth nach Polln. Wir andern am Samstag 9 h, denn es war frei. Am Sonntag Nachmittag fuhr ich und Grethel Kahn. Sie bekam nasse Füße und fiel später bis zur Hüfte in die Quelle. Anton, Walther und Ida fuhren auch Kahn. Bei ihnen ging er unter und sie fielen bis zum Knie alle drei ins Wasser. Papa machte für Walther den Aufsatz, den er machen mußte: „Ein Ferienausflug".

6.8.1902
Tagebuch Hanna Stoß

Ein Schaf hat ein Junges bekommen, und das älteste Böckchen haben wir gegessen. Gleich am Anfang von den Ferien waren wir im Moos und haben den Torf in die Hütte gefahren. Damals war es prügelheiß. Dreimal war Dr. Mayr in Polln. In der ersten Woche der Ferien war eine weitentfernte Tante bei Tante Caroline. Ihr verzogener Bengel Paul war auch dabei. Jetzt hat sie Tante noch nicht geschrieben. Vorgestern war Papa im Bett, er hatte Hals- und Zahnweh. Wir waren in den Himbeeren; im Wald hinter der Würmmühle gibt es viele. Wir brachten 3 $^1/_2$ l zu vieren zusammen, Fritzl und Wigo 2 l. In der Würmmühle kaufte sich jeder ein Brot und nahm seine Tasse Wasser mit. Im Wald lager-

Der kranke Walther

ten wir uns. Toni rauchte die dritte Zigarette an dem Tag. Wir kamen eine Stunde früher als ausgemacht heim.

Tagebuch Hanna Stoß

Am Sonntag wird unsere Zeichenausstellung eröffnet. Wir haben jetzt zu sechs schon 80 Bilder. Wir machen sie in unserem Sommerhäusl. Voriges Jahr hatten wir sie im Dachauerzimmer. Wigo bekam den ersten, ich den zweiten, Fritz den dritten, Anton den vierten, Walther den fünften und Greth den sechsten Preis. Erst wollte Wigo heuer nicht mittun. Wir dürfen nämlich nicht mehr nüber. Einmal war ich drüben und hab gelesen. Da hat mir Wigo einfach das Heft genommen. Also hat er angefangen. Dann haben wir gerauft. Abends hat er es seiner Mama gesagt und Tante sagt schnell alles Papa wieder. Aber es macht nix.

11.8.1902

Tagebuch Hanna Stoß

Gestern war Einweihung des im Frühjahr neuangebauten Ateliers bei Onkel Fritz. Wir waren alle dort eingeladen. Es war sehr lustig.

11.8.1902

Tagebuch Hanna Stoß

Gestern ist unsere Zeichenausstellung eröffnet worden. Wir haben 110 Bilder drin. In der Freiwilligen-Spenden-Kasse sind schon 3.76 drin.

Das Sommerhäusl am Bach

Voriges Jahr war nicht ganz 1 Mark drin. Eben war der Briefträger da. Er hat an die „Pollnische-Künstler-Sezession" vom Maigatter eine Karte gebracht, in der er uns mitteilt, daß er den ihn „sehr auszeichnenden" Auftrag zum Preisrichter freundlichst Folge leistet.

14.8.1902
Tagebuch Hanna Stoß
Heute um 7 h ist Frau Gottschalk gestorben. Es ging ihr sehr schlecht. Um 6 h hat er zu Onkel Fritz gesagt, daß es nur noch eine Stunde dauert. Als er ungefähr um 12 h zu uns kam, um Papa um etwas zu bitten, erzählte er Mama, daß Frau Gottschalk es gewußt hat, daß sie sterben muß und hat von ihm Abschied genommen. Sie wird

nach Offenbach gebracht, wo sie verbrannt wird. Der hiesige Pfarrer würde sie wahrscheinlich nicht beerdigen, denn sie ist katholisch und hat einen jüdischen Mann geheiratet. Marie war mittags in München und hat 3 Kränze gekauft.

19.8.1902
Tagebuch Hanna Stoß
Papa, Großpapa, Onkel Fritz, Herr Oberstleutnant, Marie, Frau Kiesel gingen hinter dem Leichenwagen der Frau Gottschalk bis zur Bahn mit.

19.8.1902
Tagebuch Hanna Stoß
Am Freitag war Preisverteilung. Unser Preisrichter war Herr Maigatter. Er war um 3 h zum Kaffee geladen. I. Preis: ich und Wigo, ich ein Buch, einen Pinsel, zwei Bogen Papier; Wigo drei Bogen Papier, ein Papiermesser, Ölfarben, eine Palette, Schokolade. II. Preis: Anton einen Taschenkamm, eine Schokolade, einen Pinsel. III. Preis: Fritzel, Walther, Greth. Fritz ein Bierkrügel, 2 Bogen Papier, Bleistift, Pinsel. Walther eine sehr schöne Geldkasette, einen Pinsel. Grethel eine grüne Perlenschnur, eine Tafel Schokolade, Farbstifte. IV. Preis: Ida (bloß damit sie nicht weint) eine Tafel Schokolade, Farbstifte.

1.1.1903
Tagebuch Hanna Stoß
In der Früh waren Herr Professor Mayr und Herr

70

Dr. Moser da. Ersterer hat Mama einen sehr fein riechenden Maiglöckchenstock gebracht. Herr Professor leiht uns alle drei Winnetoubände. Einen haben wir schon. Es ist so ungefähr die schönste Indianergeschichte Karl May's.

3.1.1903
Tagebuch Hanna Stoß

Papa und Walther waren am 29. in Polln und haben die älteste Sau geschlachtet. Mama war am Dienstag zum Würstemachen draußen.

21.2.1903
Tagebuch Hanna Stoß

Anton und Papa waren am Sonntag in Starnberg mit dem Rad. Großpapa hat Anton seinen Zimmerstutzen geschenkt. Walther hat sich eine Salonbüchse (Flobert) gekauft um 20 M! Papa hat aber die Munition in Verwahrung.

9.7.1903
Tagebuch Hanna Stoß

Ich war in den letzten Monaten öfters allein zuhaus zum Kochen, weil Mama und Marie für Torf und Heu in Polln waren, und da hab ich mir überlegt, daß ich doch lieber weiter lerne als zuhaus kochen, denn alle Tage Kochen, Essen, Abspülen: das hielt ich nicht aus. Deshalb lerne ich auch jetzt wieder lateinisch mit Walther. Es geht schon, wenn man will.

25.7.1903

Strafbefehl

Kiesel Katharina, Hausmeisterin, wohnhaft in Polln ist inhaltlich einer Anzeige der Gendarmerie Dachau vom 24. Juli 1903 beschuldigt, am 17., 18. und 20. Juli 1903 auch sonst die Hühner ihres Dienstherrn Stoß auf die Äcker des Gütlers Glas bei Polln haben auslaufen zu lassen. Als Beweismittel sind bezeichnet: Zeuge. Auf schriftlichen Antrag des Amtsanwalts setzt der unterfertigte kgl. Oberamtsrichter auf grund der angeführten Strafvorschrift und der §§ 447 und folg. der Reichsstrafprozeßordnung gegen dieselbe unter gleichzeitiger Verurteilung in die Kosten eine Geldstrafe von 2 Mark, welche für den Fall der Uneinbringlichkeit in eine Haftstrafe von einem Tag umgewandelt wird, fest.

20.8.1903

Tagebuch Hanna Stoß

Wir waren bei Frau Oberstleutnant eingeladen. Es gab sehr gute Schokolade. Da es regnete, konnten wir nicht auf der Wiese spielen. Wir spielten außer verschiedenen Gesellschaftsspielen auch Topfschlagen, worauf ein Preis gesetzt

Frau Kiesel mit Ida

war. Ich bekam eine Corallenbrosche und ein schönes Notizbuch. Die 4 Buben Mosaikkravattennadeln aus Venedig. Gretl eingefüllte Federschachtel, Ida Malkasten-Buch. Am Mittwoch hat Papa das 2. Schaf geschlachtet. Es war 17 Monate alt und sehr fett. Ohne Haut, Kopf und Eingeweide hatte es 35 Pfund. Die anderen Schafe sind alle geschoren. Jetzt waschen wir die Wolle und zwar die reinere extra und die ganz schmutzige allein. Auch 5 Felle sind gewaschen, zwei davon ausgekämmt. Den Heidschnucken geht es ganz schlecht. Besonders dem Bökl. Papa gießt ihm täglich eine kleine Flasche Milch ein. Manchmal mit einem Ei verrührt.

9.11.1903
Tagebuch Hanna Stoß
Ich habe lange Zeit nichts mehr von Ida geschrieben, und man könnte Seiten über sie schreiben. Sie hat eine große Neigung zu allem, was Tier ist. Hier hat sie 6 verschiedene Tiere: Pferd, Esel, Katze, Ziege etc., in Polln 3 Pferde. Oft schaut sie Brehms Tierleben an und da hat sie gestern Mama das Strampfeltier (Trampeltier) und das Dromedar gezeigt und erklärt, daß beide Kamele sind. Als ich einmal das, wie es Ida nennt „Affenbuch" ansah, sagte sie: „Hannchen schaut das Affenbuch an, weils nachschaut, obs auch ein Aff is." Daß zwischen uns ein Unterschied von 11 Jahren ist, begreift sie natürlich nicht. Sie

Ida mit vier Jahren 1902

kennt die Farbe der Pferde, genau das Geschirr, wie man anspannen muß.Und das macht sie alles bei ihrem Pferd nach. Zu Papa sagt sie „Herr Professor" und fragt ihn, ob sie jetzt in die Würmmühle um Bretter fahren soll.

3.6.1904
Tagebuch Hanna Stoß

Heut ist Tonis 16. Geburtstag. Jetzt um 7 h abends freute er sich erst über seine Geschenke. Jetzt ist nämlich die Geschichtsprobe vorbei und er hofft, daß er keinen 4er hat. Gestern hab ich lang mit ihm gelernt. Er hatte die ganze deutsche und im speziellen noch bayerische und preußische Geschichte von 1500 - 1763.

3.8.1904
Tagebuch Hanna Stoß

Am Montag waren wir in Mariabrunn. Wir haben 7 l, Fritzel 4 l Himbeeren heimgebracht. Wigo ein hübsches Ölbild, das ich ihm um 1 M abgekauft habe, denn er braucht Farben und Papier und hat natürlich kein Geld. Ich bin in der Algebra ein ganzes Stück vorwärts gekommen. Aber in Violin nicht. Das Gekratze ist einfach scheußlich. Ich soll jetzt in Dachau Stunden nehmen. Ich will sehen, wie weit ich in einem Monat komm. Mit Geschichte habe ich auch angefangen und bin jetzt bei der Völkerwanderung. Geographie kommt erst später dran, Botanik auch.

Ida in Polln

4.8.1904

Tagebuch Hanna Stoß

Heut in der Früh hat Papa ein kleines Böckchen geschlachtet und hat dann dran den Situs[46] gemacht. Ich weiß jetzt ganz gut den Gang der Verdauung und die Blutzirkulation.

10.8.1904

Tagebuch Hanna Stoß

Gestern war der Pollnbauer mit seinem Lausbuben Schorschl auf einen Brief Papas hin da. Der Flegel hat Tonis silberne Uhr aus dem Badhäusl gestohlen und dann ganz zerschlagen. Wir haben nur noch den Deckel und die Kette bekommen.

16.8.1904

Tagebuch Hanna Stoß

Freitag in der Früh nach Gauting und von da per Rad nach Starnberg. Großpapa lag noch im Bett. Er sieht sehr gut aus. Spricht ungemein lebhaft und interessiert sich für alles. Sehen kann er ja nichts mehr. Wir blieben über Nacht. Abends hat Großpapa erzählt. Und das Thema war beinahe ausschließlich Bismarck. Fast in jedem Zimmer wird man ein paarmal an ihn erinnert. Großpapa erinnert sich noch ganz genau an die Jahre 48, 66, 70. Und wie lebhaft er erzählt.

22.9.1904

Wilhelmine Stoß an ihre Tochter Hanna

In Polln blühen noch Reseden und Rosenknospen, aber sonst ist es herbstlich, aber doch schön.

11.11.1904

Geheimrat Stoß an seine Tochter Hanna

Ebenso habe ich die zwei Künstlerstunden auf Mittwoch von 3 - 5 h zusammengelegt. Um 4 $^1\!/_2$ wird aber immer Schluß gemacht, da ich sehe, daß es die Leute zu sehr ermüdet.

1.12.1904

Wilhelmine Stoß an ihre Tochter Hanna

Denk Dir, der Platz am Bach neben Onkel Fritz bis zum Pollnbauer ist an einen Bankbeamten verkauft. Der baut sich ein Blockhaus hin. Es wird immer kultivierter in Polln. Gut, daß Du Deine Indianerzeit hinter Dir hast.

20.5.1905

Tagebuch Hanna Stoß. Sie erinnert sich bei der Konfirmation ihrer Schwester Gretl an ihre eigene

Bei mir hatte Papa gesprochen, mehr als Onkel, aber ich erinnere mich nur noch an eins. Er sagte: „Die Religion ist wie ein Wagen, in dem man bequem den steilen Weg zum Ziele fährt. Doch werft deshalb ihr, die ihn benützen, nicht Steine auf die, die mühsam zu Fuß den Gipfel erklimmen." Es wundert mich, daß ichs noch

79

Holunderblüte in Polln
Juni 1912

weiß, obwohl ichs damals wohl nicht verstand.

6.6.1905

Geheimrat Stoß an seine Tochter Hanna

Am Sonntag haben wir bei einer Prügelhitze den Bassin repariert. Die Buben haben mir den Ofenschirm als Sonnenschirm aufgestellt. Nachmittag haben wir das Wasserrad in Gang gebracht. Bis Abend war schon etwas Wasser im Bassin. Die Rosen werden zu Pfingsten schon blühen. Deine Zwiebeln sind gut aufgegangen. Die Kohlpflanzen sind schon ganz buschig. Die Veredlungen sind wieder alle abgestorben. Die Quelle ist fast ganz ausgetrocknet. Durch die Kanalisierung der Amper ist das Grundwasser sehr gesunken.

24.6.1905

Geheimrat Stoß an seine Tochter Hanna

Im Garten ist alles dicht voll Unkraut. Deine Lilien haben heuer gelb statt blau geblüht. Zur Zeit blühlt Dein wilder Rosenstock. Das Rosenbeet ist voll der schönsten Rosen. Die Jasminsträucher sind ganz weiß und Hollerkücheln blühen wie noch nie.

29.8.1905

Tagebuch Hanna Stoß

Nun machen sie mit Hilfe des Wasserrades, das mittels mehrerer Transmissionen Grundwasser in ein Reservoir pumpen soll, einen Springbrunnen im Garten. Walther macht die Pumpe ohne geeignete Instrumente! Erst hat ers mit einem Kegel- dann mit einem Lederventil probiert. Und kein Mißerfolg entmutigt ihn. Wenn er nur mit Toni verträglicher wär. Sie streiten sich oft. Toni entschädigt sich bei Fürsts wieder. Er schwärmt mit Wigo zusammen für Cilly H. Hat aber mehr Glück als Wigo, was die Freundschaft durchaus nicht trübt. Sie hat jedem ihr Bild geschenkt, Toni das bessere, und ist mit ihnen per „Du". Sie war bei mir in der Klasse, als wir vor sieben Jahren in die Dachauer Klosterschule gingen.

8.10.1905

Geheimrat Stoß an seine Tochter Hanna
Am Montag ist das Wasser erst um 9 Uhr ausgeblieben. Die Arbeiter sind zur Zeit auch erst um 9 h gekommen. Es sollte die Auskehr nur 4 Tage dauern, drum haben wir uns sehr eilen müssen, nun dauerte sie aber bis Samstag Nachmittag. Wenn ich das gewußt hätte, hätte ich die alte Brücke noch abreißen lassen und das Stück auch betoniert; so muß ich übers Jahr wieder damit anfangen. Am Montag wurde der erste Brückenpfeiler betoniert. Vier Arbeiter waren die ganze Woche beschäftigt.

22.10.1905

Geheimrat Stoß an seine Tochter Hanna
Frau Oberstleutnant ist auf vier Wochen verreist und Herr Oberstleutnant hat sich von Höß eine

Hütte in seinen Garten bauen lassen. Sehr unmalerisch, aber jedenfalls nicht billig.

Geheimrat Stoß 1913 beim Ausritt in Polln

7.12.1905
Geheimrat Stoß an seine Tochter Hanna
Ich will, wenn möglich, noch im Herbst eine größere Zahl Erlen am Bach entlang setzen. Das

Bohnenhaus müssen wir nächsten Frühjahr ganz neu machen, ich möchte es mit feinem Drahtgitter ganz überziehen, so daß es eine Art großes

Das Geishüttl auf der unteren Wiese

Vogelhaus darstellt, in dem wir dann Raben halten. Sonst sitzt auch nie jemand drin.

8.2.1906

Geheimrat Stoß an seine Tochter Hanna

Anton war gestern mit Wigo schon wieder im Theater, „Die Doppelhochzeit", ein großes Blech. Wigo jammerte gestern über den abnehmenden Kunstsinn in München. Er hat 6 handgemalte Karten in 10 Läden angeboten und nirgends verkaufen können. Ich hab ihm dann eine abgekauft um den Fabrikpreis von 30 Pfennig; ich werde sie Dir nächstens schicken.

17.2.1906

Geheimrat Stoß an seine Tochter Hanna

In dieser Woche haben wir den Malergaul aufgestellt, das ist ein ganzes Pferd mit oberflächlicher Muskelpräparation, aufgestellt in lebender Stellung. Die Maler waren fleißig wie noch nie.

5.3.1906

Geheimrat Stoß an seine Tochter Hanna

Die Wohnung im 2. Stock in Dachau[47] ist endlich ab 1. April vermietet. Am Sonntag Morgen ist sie im Generalanzeiger, ein junger Maler Herr Scholl[48] ist gleich hinausgefahren und war um 11 Uhr schon wieder in der Holzstraße, um sie zu mieten. Er hat weder Weib noch Kind, nur eine Haushälterin und eine angegriffene Gesundheit, weshalb er aufs Land muß.

5.3.1906

Geheimrat Stoß an seine Tochter Hanna

Bei uns in der Tierärztlichen Hochschule wird am Samstag geschlossen. Ich dürfte für mein Pensum noch 14 Tage haben. Die Präparierübungen verlaufen sich allmählich. Wir können ohnehin keine Pferde mehr auftreiben außer um 70-80 Mark wegen der hohen Fleischpreise. Einen sehr netten Hund hab ich jetzt in der Schule, der zur Zeit von einer Künstlerin modelliert wird, einen „Chao". Ich würde ihn gern mal mit heimbringen, wenn es Mama erlauben täte. Auch von dem Zeisig, den Ida sich wünscht, will Mama nichts wissen. In der letzten Woche habe ich zwei schöne Bücher als Präsent bekommen: eines vom Polytechnikum „Festschrift zur Centenarfeier" und eines „The animals in motion" von einem Herrn Buchholz, der meine Künstlerkollegien besuchte.

30.4.1906

Anton Stoß an seine Schwester Hanna

Gestern waren wir in Polln. Um 10 h draußen mit Rad angekommen. Allgemeiner Gestank. Pardon. Scherm hatte nämlich 1. den Weg comme toujours im Frühjahr mit Odel erster Güte besaut 2. am Weganfang eine Tafel aufgestellt, welche nicht nur das Befahren, sondern auch das Bege-

Ida gratuliert Hanna zum 19. Geburtstag

hen des Weges außer zu Düng- und Ernte-
zwecken verbietet. Man darf also den Weg nicht
mehr begehen, ohne ihn zu düngen. Enough of
that.

7.6.1906

Die 8 jährige Ida an ihren Vater

Lieber Papa! Wie ich in Polln ein mal zu die Tan-
nenbäume so ein Unkraut hingeschmißen habe,
da habe ich ja etwas liegen sehen, da hab ich mir
gedacht: „Was ist denn das, was dort liegt?" Da
ging ich näher hin und sah, daß es ein Igel ist.
Da kam Toni und wälzte ihn rum und sah, daß er
mehrere Zecken und Flöh hatte. Nachmittag am
selben Tag fahrt Toni, Walther und Gretel nach
München und den Vogel nehmen sie auf dem
Rade mit. Ich mußte ihnen die Blumen vom
Walde nachtragen, denn Anton, Wigo, Fritzel
und Walther waren einen Tag forher im Walde
beim Amperwasser. Da drinnen blühten schöne
gelbe Lilien, Wigo zog Strümpf und Schuhe aus,
und stieg hinein, Fritzel fiel bis zu den Knie hinein. Deine Ida.

30.7.1908

Postkarte aus Landsberg am Lech von einer
Radtour

Famos hier angekommen mit Rückenwind.
Eben haben wir Mittag gegessen, wovon uns
noch für abend eine ordentliche Portion Schwei-
nernes übrig blieb. Vorher sind Wigo und ich

Radtour ins Gebirge August 1908

auf den Bayerturm gekraxelt. Viele Grüße Euer Toni.

Zwischen Bruck und Landsberg machten wir Frühstücksrast mit Wurstbrot und Himbeerwasser. Von wegen des Rückensturmes wurden die Freiläufe stark benützt. Viele Grüße Walther, Wigo, Fritzel.

6.8.1908
Tagebuch Ida Stoß

Wir haben uns gestern abend entschlossen, zu Abendessen zu Hörhammer zu gehen. Tante Pauline und Onkel Fritz sollten auch mitgehen. Wir machten uns schon um 6 Uhr fertig. Als wir nun um $^3/_4$ 7 an der Bahn waren, sagte uns Herr Ral, daß das Luftschiff vom Zeppelin verbrannt sei. Wir gingen weiter und kamen nach $^1/_2$ Stunde beim Hörhammer an. Wir bestellten vor allem Biere und frisches Brot, denn das Brot, das schon da lag, war steinalt. Dann bestellten wir für Tante und mich einen Nirnbraten, für Hanna eine Zunge und für Mama ein Haxel. Onkel hatte schon gegessen. Hanna und Gretel ließen sich das Bier gut schmecken und waren deshalb etwas beschwipst. Gretel will von heute an Rita heißen. Sie ist heute noch drapft. Hannah[49] hat heute nachmittag das Radeln gelernt. Die Köchin von Molitors hat ihrs beigebracht. Zuerst lehnte sie sich immer nach der einen Seite, bis sie endlich nach 2 Stunden eine kleine Strecke allein fahren konnte. Aber ich glaub sie verlernts bald wieder.

Tagebuch Ida Stoß

Gestern nachmittag gingen Hannah und ich auf den Acker und stahlen Saurüben. Wir nahmen diese als unsere Kinder. Wir spielten nämlich „Gutsbesitzer", daß unsere Männer gestorben wären und wir deshalb zusammenzogen. Jede hatte fünf Kinder. Also zehn Rüben aus einem Acker. Wir gingen an den Bach, um sie zu waschen. Da kam ein Mann auf uns zu. Ich erschrak und setzte mich auf die Rüben. Der Mann muß dieses gesehen haben, denn er sagte ernst: „Aha". Ich erschrak und lief was ich konnte auf unsere Brücke, in unseren Hof. Hannah mir lachend nach. Dort angelangt erzählte Hannah lachend und ich ganz ernst das Vorgefallene. Hannah sagte, ich wäre totenblaß.

25.10.1908
Tagebuch Ida Stoß

Gretel lernt heuer Tanzen. Sie ist ganz rabiat, weil sie sich zu jung vorkommt; aber sie lernts doch recht gern. Heut nachmittag um 2 Uhr kamen Symons, fuhren aber um 4 Uhr schon mit Mama nach Dachau. Gestern habe ich und Gretel Klavierstunde gehabt. Weil wir schon wußten, daß wir nichts konnten, versteckten wir das „Bücherl" in meine Schultasche. Gretel hatte zuerst Stunde. Sie hatte schon ein Papier mitge-

Eine Seite aus Idas Tagebuch 1908. Beim Schreiben
wurde sie offenbar von ihrem Bruder geneckt

nommen und sagte im Hineingehen: „Wir haben gestern s'Bücherl nimmer gefunden, jetzt hab ich Papier mitgebracht". Fräulein Walz lachte. Später kam ich ins Zimmer, weil ich das Geld hineinbrachte, da fragte sie mich, ob ich das Bücherl nicht gesehen habe. Ich wußte natürlich nichts davon und suchte ganz unschuldig im Notenständer herum, da war natürlich nichts zu finden.

8.11.1908
Tagebuch Ida Stoß
Gestern nachmittag hatten wir wieder Einladung. Es war Frl. Keferstein und Symons und Frau Prof. Kitt da. Herr Symons erzählte von den Gasthäusern in Amerika, wo eine Mahlzeit 1 Mark kostet. Danach sagte er: „Ist aber eine gute Essung!" Darüber mußte Gretel und ich so lachen, daß Frl. Keferstein sagte: „Die Gretel will auch gern mitessen!" Herr Symons fragte, ob er etwas falsch gesagt habe. Frl. Keferstein erklärte es ihm dann.

19.Dezember 1908
Ida Stoß an das Christkind
Liebes Christkind! Bald naht das fröhlichste Fest der Kinder, das Christfest. Lebhaft kann ich mich noch an den vorigen Weihnachtabend erinnern, als wir Deine schönen Geschenke bewunderten. Ich wage auch dieses Jahr, Dir meine Bitten zu äußern. Sehr gerne möchte ich ein Sprachbuch für die 5. Klasse und Puppenkleiderstoffe in allen

Farben. Vielleicht kannst Du auch den Ausputz dazulegen. Ein 3. Wunsch ist ein warmer Mantel für die kalte Winterszeit. Dafür will ich Dir versprechen, daß ich stets meinen Eltern und Lehrerinnen gehorsam bin. Bitte grüße mir den lieben Gott. Von Deiner Ida.

31.12.1908
Tagebuch Ida Stoß

Ich kam in den letzten Tagen mit der Hannah sehr viel zusammen, weil wir fürs Theater proben mußten. Am Dienstag wurde es aufgeführt. Wir haben zuerst ein vierhändiges Stück gespielt und da hat Gretl zu früh - mit Fleiß - umgeblättert und wir sind natürlich draußkommen.

7.1.1909
Tagebuch Ida Stoß

Gestern waren die Eltern und ich in Dachau. Welch ein schöner Tag war gestern! Gerade recht zum Schlittschuhlaufen lernen. Als wir naus kamen, mußte erst der Bassin - war mit einer ziemlich dicken Eisdecke überzogen - rein vom Schnee gemacht werden und dann gings Laufen los. Das erste Mal gings sehr schlecht, aber nach und nach gings besser. Papa zog mich immer rum. Nachmittag konnt ichs schon allein.

Pferdephoto mit Margarethe Stoß

Am Donnerstag, den 1. April, kam Zeppelin[50]
nach München. Wir durften auf den Nockerberg.
Hier sahen wir ihn ziemlich gut. Er flog zuerst
über den Marktplatz, dann über die Peterskirche
und schließlich umkreiste er die Frauentürme
und flog gegen Oberwiesenfeld. Wie wir aber
schon abends hörten, hat ihn der starke Wind ver-
weht und er kam nach Dingolfing, wo er glücklich landete. Papa, Mama und Gretel waren in
Oberwiesenfeld. Am andern Tag hieß es, daß
Zeppelin gegen Mittag nach München komme.
Hier lande er und fahre nach Lindau zurück. Das
traf sich gerade gut, denn am Freitag war Schul-
schluß und wir hatten um 10 Uhr aus. Also fuhren Papa, Mama, Gretel und ich mit der Tram-
bahn nach Oberwiesenfeld, wo er landete. Als
man das Luftschiff schon als ganz kleinen Strich
sah, stieg alles auf die Dächer. Es war zum
schießen! Wir kamen aber trotz unserer Beeilung
nicht mehr zum Landen recht. Direkt vor uns fuhr
bald Zeppelin, neben ihm der Prinzregent vorbei.
Das war doch ein Sauglück! Aber wegen seiner
großen weißen Mütze konnte man sein Gesicht
schlecht sehen. Nachdem wir uns noch weiter
durchgedrückt haben, kamen wir ganz nahe an
das Luftschiff heran. Es ist, wir haben es ausge-
rechnet, 135 m lang. Wir blieben da und warte-

ten auf den Aufstieg. Es war eine volle Stunde. Endlich kam Zeppelin zurück und er stieg in die Gondel. Papa hob mich immer in die Höhe, daß ich ihm sage, warum sie so lang brauchen. Aber ich sah nichts als Zeppelins große Mütze. Endlich stieg das Luftschiff auf. Das war fein! Zuerst erhob sich der vordere Teil und dann stieg das ganze Luftschiff immer höher. Lang schrie die ganze Menschenmenge: „Hoch, Zeppelin, Hoch!!" Schon in ziemlicher Höhe stiegen zwei Männer, welche in der hinteren Gondel waren, in die vordere zu Zeppelin. Das sah gruslig aus. Bald verschwanden sie hinter den Bäumen. Freitagabend um $^1/_2$ 8 Uhr kam er in Lindau an.

21.7.1909
Tagebuch Ida Stoß

Am Montag in der Früh fuhr Fritzl[51] nach Ingolstadt, wo er im Königlich bayerischen 10. Infanterie Regiment bei der 12. Kompanie Fahnenjunker geworden ist. Wir haben ihm schon einen Soldatenbrief geschrieben ohne Marke. Diese haben wir innen hinein gepappt.

22.7.1909
Tagebuch Ida Stoß

Heut kam vom Fritzl eine Karte, daß er jetzt gemeiner Soldat ist und es ihm noch nicht recht behagt. Der Dienst sei auch strenger geworden. Einer vom Realgymnasium sei auch dabei.

3.9.1909
Tagebuch Ida Stoß

Heut früh 7 Uhr fuhren Toni und Walther und Wigo nach Ingolstadt und besuchten Fritzl, der nachts ein Uhr ins Manöver muß. Montag kamen sie wieder. Vorgestern kamen die Fleischmann-schen. Onkel brachte Wigo einen Rasierapparat mit.

11.1.1910
Tagebuch Ida Stoß

Am Sylvesterabend waren wir bei Rosenthals eingeladen. Es hat zuerst Fleischpastetchen gegeben. Die waren nicht besonders gut und haben so satt gemacht. Toni hat fünf von der Sorte gegessen. Dagegen war die Ananasbowle mit dem verschiedenen Gebäck sehr gut. Um zwölf Uhr haben wir Blei gegossen. Später hats noch Kaffee mit Gesundheitskuchen gegeben. Leider war mein Bauch schon so voll, daß ich den guten Kaffee stehen habe lassen müssen. Um 2 Uhr sind wir dann ins Bett kommen.

16.1.1910
Tagebuch Ida Stoß

Gretl hat morgen ihren Vandalenball[52]. Sie schneidert immer noch an ihrem Kleid. Heut hab ich den Vogel auf dem Steckerl geschaukelt und - o Schreck! - da hat er halt auf der Gretl ihr rosa Unterkleid gemacht. Selbstverständlich raucht er ihr jetzt schrecklich, obwohls ganz gut wegge-

98

gangen ist. Umso mehr ärgert sie sich über mich, da ich ihr mein Tagebuch nicht lesen laß.

Ida mit einem zahmen Fuchs

April 1910
Tagebuch Ida Stoß

Der Kanarienvogel Hansi. Bald nachdem die
Schule aus war, kam er uns zugeflogen. Er ließ
sich ganz ruhig von Toni fangen und in den Käfig
bringen. Bald stellte es sich heraus, daß es kein
Männchen, aber ein Weibchen war. Er ließ sich
streicheln und, was das Netteste war, er pickte
mir mein Hausbrot aus dem Mund. Um die Zeit
vom 4. April führte er sich gar sonderbar auf. Er
suchte sich alle Fäden, Watte, altes Gras vom
Blumentopf zusammen und trug es hinter ein
Bild. Am Mittwoch, den 13. April forderte mich
Papa auf, mit ihm zu gehen, denn er kauft für den
Vogel ein Nest. Ich wartete vor dem Laden auf
Papa. Bald trat er wieder mit 2 Paketen heraus.
Ich war natürlich neugierig, was sich wohl in dem
2. viereckigen Paket befand. Also zreiß ich das
Papier, und in einem Transportkäfig saß ein
Kanarienvogelmännchen. Nun fing Hansi wieder
an Nester zu bauen. Er trug Stoff und Watte und
Faden aber nicht mehr hinters Bild, sondern in
ihr Nest. Endlich nach langem hin und herpro-
bieren fand die sorgsame Mutter das Nest bereit
Eier aufzunehmen. Und wirklich am andern Tag
war ein kleines grün gesprenkeltes Ei im Nest.
Verständig sah es auch er an, zuerst mit dem
einen, dann mit dem andern Aug. Doch lange
hatte er dazu nicht Zeit; denn gleich trieb ihn

100

Hansi fort und setzte sich drauf und deckte es sorgfältig mit Watte zu.

Tagebuch Geheimrat Stoß

Halleyscher Komet[53]! Ich um 6.50 nach Polln.

18.8.1910

Tagebuch Ida Stoß

Mamas Geburtstag. Ich freute mich schon die ganze Zeit auf den Tag; denn da sollte ja Groß-mama kommen. Aber ein Ereignis verdarb mir den ganzen Tag. Als ich in das Mädelzimmer kam, lag Gretl schon im Bett und Pepi - der Nußhäher - saß auf der Decke und war im Zup-fen recht eifrig. Ich konnte mich aber nicht mit ihm unterhalten, ich mußt das Geburtstagsge-schenk fertig machen. Kaum hatte ich Zeit zum Kaffeetrinken. Endlich fertig. Ich gehe ans Fen-ster um zu sehen, ob der Wagen noch nicht bald um die Ecke bog, da sehe ich plötzlich, daß die Leute auf der Straße stehen bleiben und unver-wandt in den Bach schauen. Gleichzeitig bemer-ke ich ein Spritzen. „Pepi!" kam es mir unwill-kürlich von den Lippen. Ich eile hinaus: wirklich habe ich recht gehabt. Wacker kämpfte er gegen den Strom. Ich wollte ihn fassen. Da riß ihn eine Welle mit sich und schwemmte ihn fort. Ins Was-ser springen und ihm nach, das wäre mir in dem Moment nicht eingefallen. Ich eilte ans Brückerl. Da wartet Gretl mit dem Rechen. Endlich hat sie ihn in der Hand, noch zwei leise Todesschreie, dann rührt er sich nicht mehr. Wir vernagelten ihn in einer Kiste und begruben ihn neben Hansi.

4.9.1910

Tagebuch Ida Stoß

Gestern kam das unintelligenteste Tier, das ich je gesehen hab, in unsern Garten. Hanna hatte natürlich gleich einen Namen: „Lili" wurde die Turteltaube genannt. Nun ja, sie hat ja eine ganz schöne Form und Farbe und der Kopf ist halt etwas klein, außerdem ist sie etwas dumm, ich glaube aber dafür kann sie nichts. Ja, ja, wenn man einen so gescheiten Pepi vorher hatte, da denkt man sich: „Was gibst dich mit dem dummen Vieh ab, das nur fressen und schlafen kann!". Unvorsichtiger Weise wurde das Fenster etwas geöffnet und Lili war fort. Wir ließen sie gern fliegen.

23.10.1910

Tagebuch Ida Stoß

So ein Buch ist doch ein treuer Freund, es vergißt nichts, was man ihm anvertrauen mag. Wenn ich es so durchblättere, kommt mir alles wieder in den Sinn, als wenn es erst gestern geschehen wäre.

12.2.1911

Tagebuch Ida Stoß

Ich hab heut sehr viel Wildenten gesehen. Wie die flott fliegen mit ihren langen Hälsen und

großen Köpfen. Komisch sieht dies aus! Sie fliegen immer im selben Kreis und lassen sich dann
langsam auf den Boden nieder. Wenn man denkt,
wie unbehilflich unsere Hausenten herumwat-
scheln, während die Wildenten so flott fliegen
und laufen können.

Ida und Minka posieren für ein Photo 1910

13.4.1911
Rechnung
Die Verwaltung der Königl. bayer. Hofbaumschule in München am Englischen Garten Nr. 3
stellt für Wohlgeb. Herrn Prof. Dr. Stoß 12 Obstbäume à 3 M in Rechnung.

18.4.1911

Tagebuch Ida Stoß
Eben war ich wieder dabei den Kanarienvogel
hinauszutransportieren, als Frieda mit einem
Vogel in der Hand kam. Ich war nicht gewiß, war
es ein Schwarzblättchen oder eine Kohlmeise.
Jedenfalls gefiel er mir und ich faßte den Ent-
schluß, ihn in den Käfig zu tun. Wie der kleine
Kerl mit seinem langen kräftigen Schnabel fest
in die Finger biß! Doch es half ihm nichts! Wie
er rumorte, mit dem Schnabel durchs Gitter fuhr!
Er dauerte mich, wie er so um seine Freiheit
kämpfte. Draußen grünt und blüht alles und deine
Kameraden können sich nach Herzenslust tum-
meln, nur du mußt drinnen sitzen und dem allen
zusehen! Würdest du je wieder lustig werden? Es
kam mir sonderbar vor: die an den Käfig gewöhnt
waren, ließ ich aus, und die an die Freiheit
gewöhnt sind, sperr ich ein. Ich ärgere mich,
wenn ein Vogel geschossen wird, wenn die Katze
einen fängt. Ist das nicht dasselbe, wenn nicht
noch ärger. Ist er nicht auch seiner Freiheit
beraubt? Drum fang ich ihn heraus und laß ihn

104

aus. Wie er sich in die Lüfte schwingt und dankbar freudig herunterpiepst! Fang nur noch viele schädliche Insekten!

31.7.1911

Tagebuch Ida Stoß

Am Mittwoch haben wir einen ganz jungen Emmerling gehabt. Er hat noch die Flaumfedern am Kopf gehabt. Und weil er doch ganz gut zu den Kanarienvögeln passen würde mit seiner gelben Farbe, haben wir uns bemüht, ihm das Fressen beizubringen. Da es aber nicht gelang, setzten wir ihn wieder auf den Baum, auf dem vermutlich das Nest war, denn hier flogen noch eine ganze Menge solcher Vögel rum.

5.8.1911

Tagebuch Ida Stoß

Heut früh hat den netten Benjamin eine gemeine Katze gefressen. Sie hat einfach das Gitter zerrissen und hat ihn sich herausgeholt. Die zwei anderen sind im Zimmer gewesen. Auf der Bank sind die Federn herumgelegen.

11.8.1911

Tagebuch Ida Stoß

Am 9. abends haben uns die jungen Kanarienvögel einen rechten Schrecken gemacht. Das Türchen ist aufgegangen und alle Jungen fort. Nur Yellow allein blieb im Häuschen. Alle flogen auf den höchsten Baumgipfeln herum und wir hatten das Nachsehen. Leimrute, auf das

Dach steigen, rufen, pfeifen, alles half nichts. Sie wollten eben einmal nicht heim. Jetzt flogen sie alle zum Pollnbauer und da dachten wir, wir können es aufgeben. Zum Trost radelten wir zum Löwenbräu, wo uns eine halbe Bier wieder etwas aufrichtete. In der Frühe ½ 6 weckte mich eine Stimme:

Die Etzenhausener Amperbrücke

„Frein Ida! Frein Ida! Die Vögel sind da!".
Schlaftrunken suchte ich ein Dirndlgwand und
schlaftrunken holperte ich die Stiege
hinunter,öffnete ebenso die Hautür. Aber jetzt
mach ich die Augen weit auf. Da sitzen ja vier
Kanari! Und alle vier brachten wir mit Leimru-
ten, Hand, Steckerl und Futter zur hocherfreuten
Yellow. Auch der 5. kam noch. Aber Benjamin
II. ist fort.

30.8.1911
Tagebuch Ida Stoß
Die Krähe Peppi. Peppi hat heute eine schlechte
Nacht gehabt mit seinem ewigen Auswärts-
schlafen. Heut nacht stürmte und goß es und
Peppi schrie ganz jämmerlich. Ich hatte große
Zweifel, ob er in der Früh noch am Leben sei
oder nicht. Das war er allerdings noch, aber wie!
Mit seinen tropfnassen Flügeln konnte er kaum
fliegen, so daß er wegen des starken Westwindes
beinah in den Bach geraten wäre. Papa kam noch
rechtzeitig dazu und trocknete ihn ab, wärmte ihn
und trug ihn ins warme Zimmer. Dies ließ er sich
alles gut gefallen, was ja schon viel sagt.

30.10.1911
Tagebuch Ida Stoß
O, dieser Peppi! Jetzt ist er uns auch noch untreu
geworden. Wie ich erfuhr, daß Peppi fort ist,
ärgerte ich mich mehr als ich traurig war. Er hat
es vielleicht schon länger vorgehabt, denn immer

größer wurden seine Kreise, die er um unseren Platz machte, immer weniger scherte er sich um das Im-Stalle-Schlafen. Zwar wurde er gegen Ende zu fast zutraulicher. Als Papa einmal mit einer Stranitze Würste den Gartenweg herkam, war Peppi gleich auf dem Hut und im nächsten Augenblick war die Stranitze zerrissen und Peppi flog mit einem Schnabel voll Würsten davon. Am letzten Abend ging er natürlich auch nicht heim. In der Früh um 7 h sang er noch sein Abschiedslied und dann war er nicht mehr zu finden. Nicht einmal eine Feder ließ er uns über. Hätte er es den Winter doch so gut gehabt! Den ganzen Speicher hätte er zur Verfügung gehabt und Fleisch in Hülle und Fülle. Aber nein, fort mußte er, nichts wollte er mit den Menschen zu schaffen haben. Darauf würde Peppi antworten: „Nein - Weg mit der goldenen Sklaverei! Hier bin ich mehr, denn ich bin frei!"

22.1.1912
Tagebuch Ida Stoß

Nun ist halt die Hauptfrage: „Was willst du werden?" Ja, Lehrerin hats einmal geheißen. Aber da ist schon wieder ein „Wenn": wenn du hinaufkommst. Man darf also nicht daran denken. Dann

Ida im Pollner Garten 1910

Landwirtschaftslehrerin: da muß man wieder erst eine Mittelschule haben, daß man nach Miesbach kommt. Handelsschule braucht man furchtbar viel Französisch, was nicht zu meinem liebsten gehört. Außerdem ist es sehr überfüllt. Höhere Töchterschul müßte ich für 4 Jahre Französisch und Englisch nachlernen, oder mich in die erste Klasse setzen; geht auch nicht. Institut, da lernt man nichts, aber es kostet dafür recht viel. Also was tun? Ja, was tun, abwarten wird wohl das beste sein. Vielleicht gehts doch in der Präparandinnenschul. Es muß einfach.

25.12.1912

Tagebuch Ida Stoß

An dem historischen Tag 12.12.12 ist Prinzregent Luitpold von Bayern gestorben. Wie mit einem Schlag hatte da fast jedes Haus in der Stadt schwarze Fahnen, die in dem Südsturme gespenstig flatterten. Überall waren Prinzregentenbilder mit schwarzem Flor umgeben und überall standen Menschen bis zur Straße an, Prinzregentenbilder zu sehen und abgestempelte Karten vom 12.12.12 12 Uhr mittags zu kaufen. Am 19. war die Beerdigung. Dazu kamen eine Menge Fürstlichkeiten, darunter auch der Kaiser, der sehr stolz in einem Auto, nicht einmal zu Pferd vom Bahnhof in die Residenz gesaust ist. Mama und ich haben uns angestellt und nichts gesehen. Vom Trauerzug haben wir nur gesehen, wie die

Leut auf die Bäume stiegen, wie sie Staffeleien und Stühle herschleppten und 20 und mehr Mark für einen Fiakerbockstehplatz zahlten. Es war uns vollauf genügend. Jetzt ist Prinzregent Lud-

Ausritt von Ida in die Amperwiesen

wig an der Reihe, der seinen Geburtstag am 7. Januar hat, also stets zwei Feiertage aufeinander fallen.

29.1.1913
Tagebuch Ida Stoß

Auf einer ganz interessanten Vogelausstellung stachen Hanna und mir ein nettes, niedliches kleines Vogelpaar in die Augen, die hübsch rot und weiß getüpfelt waren. Und weil man gerne so etwas selbst hat, brachten wir zum größten Erstaunen der Eltern ein Tigerfinkenpärchen mit heim. Aber leider starb schon ein paar Tage darauf das Weibchen und das Männchen fühlte sich auch bei einem vom Vogelhändler neu erstandenen Weibchen nicht recht wohl und fiel ebenfalls bald darauf vom Stangerl. Jedenfalls waren sie schon vorher nicht recht gesund, denn was kann von einer Ausstellung Gutes kommen? Schlecht und teuer! Man kaufe dort nie ein! Außerdem haben diese Tigerfinken nichts besonders Possierliches an sich. Essen, Schlafen, Hupfen und manchmal Piepsen.

2.5.1913
Tagebuch Ida Stoß

Gestern, Christi Himmelfahrt, war wieder schön! So ein warmer, sonniger schon mehr Sommer- als Frühlingstag. Natürlich waren wir in Dachau und weils ja Donnerstag war, an dem Lisbeth[54] immer zum Essen kommt, auch Lisbeth. Wenn immer jemand draußen war, der unser Haus zum ersten Mal sieht, so ganz im Grünen versteckt, und es gefällt ihm so gut, dann mag man alles,

alles nochmal so gerne und man kann garnicht verstehen, wie man nur einen Augenblick daran denken kann, Polln zu verkaufen, wie Mama in den Osterferien. Mir geht heut den ganzen Tag das Lied von Lisbeth, das sie jetzt auch Gretl lernen will im Kopf herum:

„Nicht im Schlafe hab ich das geträumt
hell am Tage sah ichs schön vor mir:
Eine Wiese voller Margeritten
tief ein weißes Haus in grünen Büschen.
Götterbilder leuchten aus dem Laube.
Und ich geh mit einer, die mich lieb hat
in die Kühle, die voll Schönheit wartet, daß wir kommen.
Und ich geh mit einer, die mich lieb hat in den Frieden voll Schönheit.“

16.6.1913

Tagebuch Ida Stoß

Gestern haben wir in Dachau unser Heu aufgemandelt. O, so viel schön schauts aus, diese Wiese voller Heumandeln, die gewachsen und gesprossen sind und nun schon bis in den Himmel hineinragen; denn vorigen Sonntag waren sie noch ganz klein, und Papa meinte, es seien schon die größten Goliate. Jetzt hingegen sind sie über zwei mannshoch! Hams auch photographiert. Papa hat gesagt, ob Mama geglaubt hat so etwas in ihrer Ehe noch zu erleben. Dann hat die Mama gesagt: „O, Gott, ich hab überhaupt ein blaues

113

Wunder nach dem anderen erfahren!" Gestern haben wir in Dachau eine Menge Flieger, Ein- und Zweidecker, Beteiliger an einem Preisfliegen, gesehen und alle sinds grad über unser Haus.

Pollner Heuernte

Die Pollner Feuerwehr hat ausrücken müssen, daß sie die Flieger auffangen, wenns runterfallen. Großartig!

23.7.1913
Tagebuch Ida Stoß

Vorläufig freu ich mich aber noch aufs Reiten. Es ist so schön im Moos und im Wald nach dem Regen; die gute, gute Luft und wenn dann noch die Sonne kommt und von den Wiesen zwischen den Baumgruppen Dämpfe aufsteigen - o, herrlich - und dabei reitet man - reiten, nix geht übers Reiten!

30.7.1913
Tagebuch Ida Stoß

Wir bekamen Besuch von den Hamburger Cousinen Mimi und Gretl. Sie sind sehr nett und putzig; nur anfangs mußte man sich arg Mühe geben, sie zu verstehen, denn sie sprechen ziemlich schnell. Dienstag waren wir mit ihnen auf dem Wendelstein. Wir gingen von Bayrischzell aus hinauf und brauchten ungefähr 5 $^1/_2$ Stunden. Mittag haben wir unterwegs gegessen und auf dem Haus noch Milch getrunken und Karten geschrieben. Mama, Hanna und ich sind auch auf den Gipfel, während Papa, Gretl und Mimi herunten blieb. Der Gipfel war nicht leicht zu besteigen, sehr sehr steil und hohe Stufen, Drahtseil gespannt und wies halt so ist, daß man grad obacht geben muß.

Ida Stoß auf dem Wendelsteingipfel 1913

Und da nehmen die kleine Kinder mit, die nicht mal bis zum Drahtseil langen können! Ein Verbrechen! Und oben ist ein nicht sehr großes Plato ohne Geländer. Mama setzte sich hin und traute sich nicht aufstehen. Hanna photographierte mich. Aber es ist wirklich nimmer schön, was die Bergbahn Menschen mit rauf bringt; wo man hintrat, quiekste einer. Papa hatte Tonis Sportanzug und ein graues Hütl auf; ich konnte mich nicht satt sehen. Er sah aus wie der alte Prinzregent in seinen jungen Jahren. Abwärts fuhren Papa und Mimi mit der Bahn. Wir gingen. Und vergingen uns. Statt nach Birkenstein, Fischbachau kamen wir nach Feilnbach; ein schöner Weg, aber endlos lang. In Feilnbach war ein ganz kleiner Bahnhof, wenn man so sagen kann und von dort wurden wir mit der Elektrischen nach Aibling, von da mit einem entsetzlichen Bummelzug nach Holzkirchen, von da endlich nach München befördert. Der letzte Zug war ziemlich voll und mir gegenüber saß ein unangenehmer Herr mit Platte, langer Nase, Bratwurstfingern und Schweinsäuglein. Er räusperte sich zeitweise, sonst schlief, schnarchte er und streckte seine kurzen, dicken Beinchen unangenehm weit von sich weg. Endlich daheim angekommen war Papa und Mimi noch auf und waren in großer Aufregung und Angst. Atmeten also erleichtert auf, als sie uns sahen. Papa sauste gleich fort um Walther zu suchen, der auf der Bahn fragen wollte, ob kein Eisenbahnunglück geschehen ist. Nur schade, daß wir auf dem Gipfel so wenig Aussicht hatten.Die Luft war ziemlich neblig, sonst hätten wir glatt und glänzend bis München gesehen. Wie heißts doch in dem Gedicht „Auf Bergeshöhen"[55]:

„Auf Bergeshöhn bin ich gestanden
Mein Blick ging über weites, weites Land.
Und die Gedanken Wolkenbrücken fanden,
denn Nebelfeen in schleppendem Gewand..."
Jetzt weiß ich nimmer weiter. Das Buch hab ich nicht eben da, aber der Inhalt würde weiter stimmen.

7.8.1913
Tagebuch Ida Stoß

Und des Abends gehen wir entweder zu Fürsts, Zither, Okarina, Flöte, Mundharmonika, Gesang im Sommerhäusl oder spazieren im Wald bei Sternenschein und verrenken uns den Hals nach Sternschnuppen. Haben auch schon ein paar schöne gesehen.

14.8.1913
Tagebuch Ida Stoß

Im letzten Brief vom Toni steht, daß er sein Reitpferd, den Titus, mitbringen möchte. „Dann müssen wir die Kitty aber gleich verkaufen" hat Papa gesagt. Und ich bin nausgangen und war so, so traurig, wie wenn die Abschiedsstunde schon da

118

Ida mit der geliebten Kitty 1915

wär. Und hab immer wieder gedacht: Nein, nein,
nein und nein. Ich gebs nicht her! Nun hab ich
mich aber schon wieder derfangt, denn 1. weiß
man garnicht, ob Toni den Titus mitbringt. 2.
weiß man nicht Walthers Meinung. 3. nicht ob
Toni nicht nochmal auf der Kitty reiten will.

Walther reitet ins Moos

27.8.1913
Tagebuch Ida Stoß
Nun kommt Toni schon bald, aber ohne Titus.

29.9.1913
Tagebuch Ida Stoß
Abwechslung muß sein - eine alte Geschichte.
Drum muß man nicht immer an einem Fleck sein,
sondern sich auch mal die Welt da ansehen, wo
sie etwas mehr Erd- und Steinhäuflein hat, als im
Moos. Und das nennt der Mensch kurzweg das
Gebirge. Das besahen wir uns nun etwas näher,
die Eltern und ich; und auf drei Tage. Gut. Wir
fuhren also nach Garmisch-Partenkirchen. Einen
schönen Ort bekanntlich. Das haben auch schon
viele Leute herausgekriegt. Besonders auch sol-
che, welche ihre Füße scheins zu anderen Din-
gen haben, als zum Gehen; denn der Bahnhof
wimmelt von Droschken, Autos usw. und
ringsrum ist ein Hotel am andern. Wir natürlich
hatten dergleichen nicht not, sondern besahen
uns die Zugspitze, die majestätisch und eigentlich harmlos auf diesen Ameisenhaufen herun-
terblickt. Und hat doch schon so viel von dem
kleinen Getier, das sich mal zu hoch hinauf ver-
stieg, in seinen gähnenden Rachen verschluckt.
Genug davon. Wir gingen zunächst zur Part-
nachklamm. Rechts ein schmaler Weg, links stei-
le Felswände, dazwischen die schäumende,
tobende Partnach; so hat man sich dieses großar-

Zwischen Scharnitz und Zirl. 17.September 1913.
Ida Stoß mit ihrer Mutter

tige Naturwunder vorzustellen. Doch wie kann
ich das jetzt alles beschreiben, was in einem
Augenblick das Auge fesselt. Die Gedanken fliegen, die Feder kommt nimmer nach: die vom
Wasser ausgehöhlten, überhängenden Felsen,
der Sprühregen von oben herab - es ist hübsch
kalt dort unten und man muß sich ordentlich den
Hals verdrehen, um ein Stückchen blauen Himmel zu sehen und die Brücke in schwindelnder
Höhe über der Klamm zu verfolgen. Das Rau-
schen der Partnach hinter uns lassend schlugen
wir den Weg nach Mittenwald, zunächst nach
Elmau ein. „Fräulein, sie verlieren ihre Haarna-

del!" sagte ein Herr. Ich bedankte mich, Papa auch. „O, bitte, da gibts nichts zu bedanken, ist mir doch ein Vergnügen ein Fräulein auf etwas aufmerksam zu machen". „Auf einen Defekt" meinte Papa. Ungefähr 3 Uhr in Elmau angekommen, tranken wir Kaffee und machten uns auf den Weg nach Mittenwald. Der Weg war sehr schön, meistens durch Wald. Nach einer Stund ist Mama eingefallen, daß sie ihren Zwicker vergessen hat. Nach einigem Überlegen ist Papa wieder umgekehrt und wir gingen voraus. Der Weg führt vorbei an zwei Seen. Am Ferchen- und Lautersee. Beide sehr idyllisch gelegen. Besonders vom Lautersee ganz nah an Mittenwald konnten wir uns garnicht trennen. So ein friedliches und trauliches Bild: inmitten der Bergwiesen, die von der untergehenden Sonne schön beleuchtet waren, der kleine See, an dessen Ufern in endlosen Reihen die Kühe heim nach Mittenwald gehen. Dazu das Läuten der Kuhglocken - es war nur schön. Mittenwald ist ein sehr nettes Nest. Die flachen Dächer, die eng aneinander gebauten Häuser erinnern schon etwas an das Orientalische. In der „Post" haben wir ein schönes Zimmer bekommen mit drei Betten. Kaum dort angelangt, war Papa auch schon da. Andern Tags um 9 Uhr waren wir wieder auf der Wanderschaft. Zunächst nach Scharnitz, was wir in einer Stunde schon erreichten, und dann wollten wir nach Zirl. Habens auch zusammengebracht. War ein schwieriger Weg. Anfangs freilich meinten wir, wir könnten den Bekannten erzählen: den Weg kann man mit Hausschuhen machen! So schön war die Straße. Immer an der schäumenden Isar entlang, dann am Gleirschbach aufwärts, abwärts und wieder aufwärts. Immer schöner wurde die Landschaft. Unter uns der tobende Fluß, links und rechts die ungeheueren Wälder und über uns die kolosssalen Berge, teilweise mit Schneefeldern. Nach der Mittagspause gings langsamer. Mama war sehr müde. Der schöne Weg hörte allmählich auf, der Gleirschbach war ins Geröll vollständig verschwunden. Papa suchte schon nach einem Nachtlager, denn wir konnten uns nicht denken, wo der Weg noch hinaussoll. Noch eine kleine Viertelstund und wir befanden uns auf einer unbewohnten Alm, vollständig vom Gebirge eingemauert, scheinbar kein Ausweg. Nach langem Suchen fanden wir endlich wieder die rote Markierung. Ein schlechter, teils steiniger, teils Wiesenweg stieg und stieg. Endlose Serpentinen! Keinen Ausblick, nur Wald und hohe, hohe Felsen. Oft gings über Schutthalden, die aussahen wie ein ganz neuer Bergrutsch, auf dem noch kein Weg gebahnt. Ein andermal gings über öde Wiesenhalden, die paar Birken darauf waren glatt umgelegt, starke Föhren völlig entwurzelt von einer im Frühjahr niedergegangenen Lawine. Und weit und breit kein Mensch! Und plötzlich wurde es uns klar: Um nach Zirl zu kommen, müssen wir über den Berg vor uns, nur dort hinten kann Zirl liegen. Und dieser Berg war der Erlsattel, der daneben der Solstein, und das Haus, das dort oben im Bau war, wird nächstes Jahr das „Solsteinhaus" sein und viele Touristen werden es besuchen. Genau wie den Wendelstein. Eine lohnende Tour! Denn die Aussicht war wunderbar. Die von der Sonne bestrahlten Schneeberge des Stubais, das Zuckerhütl und wie sie alle heißen, und tief, tief unten ein kleines Dorf - Zirl! Es war 4 Uhr nachmittags und wir dachten, das Schwierigste hinter uns zu haben. Doch zum Ausruhen war unmöglich Zeit. Also dann los. Den Weg kann man sich vorstellen, wenn - wie wir in Zirl hörten - seit Mai täglich 14 Muli hinaufgehen, die die Türen, das Baumaterial, alles, alles hinauftragen müssen! Also nichts als Lehm, aufgeweichter Dreck. Dazu neigte sich der Tag immer mehr seinem Ende zu, die Sonne verschwand bereits hinter den Bergen und immer gings abwärts, abwärts. Schon tauchten weit, weit unten Lichter auf - sie waren von Zirl. Papa wurde immer ängstlicher und müder, Mama immer ärgerlicher über einen solchen Weg, der nun freilich mehr einem ausgetrockneten Gießbachbett glich, und ich dachte nur vorwärts, vorwärts. Jetzt kam schon der Abendstern und am Horizont sah man ab und zu drohende Blitze. Und abwärts gings, immer abwärts. Endlich kam die Landstraße. Sie war aber auch nicht viel besser. Es ging zeitweise so steil hinunter, daß Papa einmal glatt auf den Rücken fiel. Ein schöner Schreck. Aber nur weiter, nur zu. Endlich geradeaus. Man hörte schon Menschen, Peitschenknallen, man sah ein Haus und kam hin dazu. Ich mag die Tiroler gern mit ihrem Dialekt, so etwas langsames, gemütliches. Doch diesmal hätten sie mich bald aus der Fassung gebracht damit. Bis sie uns verstanden haben. „Nach Ziarl wollens, ja, da geht glei a Fußsteig hinüber!" Also noch durch ein Maisfeld und es war erreicht! Im Gasthaus zur Post fanden wir gutes Essen, zwei schöne Zimmer mit sehr guten Betten. Es war ein schöner, aber anstrengender und aufregender Tag.

14.12.1913
Tagebuch Ida Stoß
Und noch eine große Neuigkeit. Morgen ist frei! Warum? Weil der Kaiser kommt[56]. Und der Kaiser kommt nämlich auch in den Männerturnverein[57]. Und da machen wir ihm Freiübungen vor mit Musik. Die Geschichte ist am Dienstag Abend um 6 h. Darob herrscht schon überall große Aufregung. Und geprobt wird auch schon

eifrig. Morgen ist die Hauptprobe. Gretl schneidert eifrig an neuen Turnanzügen.

16.12.1913

Tagebuch Ida Stoß

Also heute Abend war die Pfundssache. Um 3
Uhr sollten wir an Ort und Stelle sein, um 6 Uhr
kamen die hohen Besuche. Heute nachmittag
flog bei uns alles nur so. Die Häberlstraße war
außerordentlich belebt und beflaggt, ganz
komisch, die stille Häberlstraße! Autos sind in
den Hof eingefahren, Gendarme sind rumge-
standen und wies halt bei einer solchen Sache
zugeht. Der Turnsaal war auf Glanz hergerichtet
und die Studenten in Couleur mit Fahnen sind
bereits dagestanden und nun haben wir uns aufgestellt auf die Bühne und haben wir nichts gesehen, so viel wir unsere Augen auch rausgehängt
und unsere Zehen verrenkt haben. Nur die Fan-
faren haben wir gehört wie der Kaiser und der
König reinkommen sind. Erst kamen die kleinen
Mädchen und machten einen Reigen, dann die
Knaben am Barren, dann die Mittelschüler. Die
haben wir wieder ordentlich gesehen; denn nun
waren wir wieder herunten von der Bühne. Sie
haben sehr hübsche Freiübungen gemacht. Und
nun wir! Niemand, sogar Gretl, hat nicht gepatzt.
Ich denk, es war hübsch. Beim Abmarsch mußten wir gerade vor dem Kaiser warten und konnten ihn nun ordentlich beschauen. Der König war

süß. Recht beifällig hat er genickt und gelächelt. Es ist ja sein Turnverein. Und er war scheins recht zufrieden mit uns. Der Kaiser natürlich in Uniform, hat mir weniger imponiert. Er hat ein strenges, unsypathisches Gesicht - majestätisch sieht er aus. Ich weiß nicht, er gefällt mir nicht. Wir waren nun hinten an der Bühne gestanden und konnten alles schön verfolgen. Nach uns kamen die Fechter, dann die alten Herrn mit Stäben, dann Geräteturnen. Das war ein großartiges Bild. Und besonders die am Pferd direkt vor dem Kaiser haben sich kolossal angestrengt. Daran anschließend waren die Übungen am Reck von der ersten Riege. Das und die darauffolgenden Übungen am Sprungtisch waren ganz großartig. Unmöglich kann ich hier das alles aufzeichnen. Es war so ziemlich der Glanzpunkt der Aufführungen. Dann schrieb er sich in unser Buch ein. In der Zeitung steht, als man ihm den Tisch hinbrachte, soll er gesagt haben: „Donnerwetter, ich dachte, ich soll über den Tisch springen und wollte eben meinen Rock ausziehen". Er soll überhaupt redselig gewesen sein und 2 x geklatscht haben. Vor dem hielt der Vorstand eine Ansprache, wir sangen „Heil unserm Kaiser, heil" und auf der Bühne war ein wunderschönes lebendes Bild, vor dem dann aber der Vorhang gezogen wurde. Der Kaiser unterhielt sich dann mit den Turnlehrern Brechtl, Frl. Hartmann usw.

und ging dann so gegen 7 h. Wir sausten alle naus durch Fenster und Türen und haben ihn dann im Auto noch fortfahren sehen. Ich glaub, es hat ihm schon gefallen.

10.3.1914
Tagebuch Ida Stoß

Am Samstag war ich das erste Mal im Kino. „Tirol in Waffen". Es war wirklich sehr schön, geradezu großartig. Aber traurig, furchtbar traurig.

22.4.1914
Tagebuch Ida Stoß

Abscheulich rasch sind die Osterferien vergangen mit Stöbern, Waschen, Gartenarbeit, ab und zu Reiten - viel konnte man nicht, Kitty hatte einen wehen Fuß - Essen, Sonnenbad, Schlafen. Walther und Toni waren sehr fleißig. Haben den neuen Zaun am Neubau gemacht. Freilich, so lang die Eltern nicht da waren, haben sie gemeint, an jedem Mittagessen etwas aussetzen zu müssen, obwohl Toni fast jedesmal nachher unter dem Tisch gelegen ist, so hat ihn sein Bauch hinuntergezogen, und obwohl Walther acht Pfannkuchen auf einmal verschlungen hat. Die Schafherde ist mir eigentlich etwas traurig vorkommen. Die Jungen sind ja recht schön gewachsen. Aber der Bock hat ja zum Wimmern ausgeschaut. Er war so matt, daß er, wenn er den Abhang heraufstieg, in der Mitte ausruhen mußte. Zum

Ausflug nach Schleißheim

Schluß ist er dann nur noch im Stall gelegen.
Fressen konnt er nimmer. Am Montag hat ihn
Toni erschossen und den Kadaver nach München
gebracht. Der schöne Bock! Das Wetter war im
ganzen sehr schön, und besonders aufs Osterfest
hat die Sonne ordentlich vom blauen Himmel
heruntergelacht, und der Wind hatte allen Dreck
vom Himmel heruntergekehrt, sodaß gar keine

130

Wolken mehr da waren und der Osterhas in Form von Walther recht bequem im Garten verstecken konnte. Nachmittags kam Mina und abends dann noch die Fürstlichkeiten von Polln, als da sind Fritzl und Wigo und die haben dann bis ca. 1 Uhr eine Art Hexensabbat oder Bachusfest im guten Zimmer veranstaltet. Ich aber war im Bett.

12.5.1914
Tagebuch Ida Stoß

Vorletzten Sonntag hat uns Mina mit dem Rad von Polln abgeholt, und auf der Heimfahrt über Schleißheim hat sie beim Löwenbräu eine dicke, dicke Kellnerin, eine Magistratswalze direkt zusammengefahren, worüber ein großer Tumult entstanden ist. Es war sehr putzig. In Polln blühen die Apfelbäume wunderschön. Sie sind ganz rosa, herrlich schön. Die Kriecherl haben heuer nicht sehr heftig geblüht, dafür aber die Zwetschgen umso mehr.

21.7.1914
Tagebuch Ida Stoß

Vor acht Tagen war Schlußfest. Mama und ich waren drin. Es war ganz schön. Die Simm[58] hat eine sogenannte Ansprache gehalten mit einem Hut aus der Biedermeierzeit auf dem Kopf. Ich hab mir nun überlegt, was es eigentlich heißt „ Aus der Schule sein" und habe gefunden, daß es doch recht schad ist, daß die Zeit vorbei ist. Die beste Lehrkraft war eigentlich Prof. Käsbohrer. In der letzten Stund hat er noch eine Abschiedsrede geschwungen und der Schluß davon war: „Stecken Sie sich ein Ziel, irgendein Ziel und suchen Sie es mit großer Selbstbeherrschung und Willenskraft und nach Überwindung vieler größerer oder kleinerer Schwierigkeiten zu erreichen. Das ist mein bester Wunsch, den ich Ihnen für Ihr späteres Leben geben kann. Sie können ihn auf die Straße werfen, Sie können ihn beherzigen." Das war schön und richtig gesagt. Und da muß ich mir denken, wär es nicht doch besser, ich würde nach dem Wunsch von Papa ins Gymnasium gehen, Ärztin werden.

Sonntag, 2.8.1914
Tagebuch Ida Stoß

Krieg! Was soll man da noch mehr schreiben? Wie kann man den Jammer schildern - Krieg? Ists denn wahr - wirklich Krieg?

18.8.1914
Tagebuch Ida Stoß

Vierundvierzig Jahre hatte Deutschland Frieden und war verschont gewesen vor schrecklichen Kriegszeiten. Und nun ist wie ein plötzlich aufsteigendes Gewitter dieses Unglück über unser Vaterland hereingebrochen. Unglück? Darf man „Unglück" sagen? O ja, ein Gewitter kann zerstören, kann schrecklich verwüsten, kann Haus und Hof, Vieh und Saat vernichten, daß der Mensch nichts mehr hat von seiner Arbeit, nichts

132

mehr vielleicht von seiner Lebensarbeit! Es kann aber auch erfrischen und den Menschen stärken zu neuem Schaffen, wenn im Garten auch mancher Kopfsalat und manche Gurke zerstört sind. Kann nun durch diesen Krieg Deutschland vernichtet werden oder kann es gewinnen und erst recht groß als das einige Deutsche Reich vor den andern stehen? Der Feind ist groß. Er scheint mächtiger als wir. Im Osten Rußland, im Norden England, im Westen Frankreich - und in der Mitte Deutschland! Aber sehen wir uns mal diesen gefürchteten Feind näher an: Rußland mit seinen Kosaken und Novaken und den Völkern übereinander, dieses gemeine, hinterlistige Rußland können doch unsere gut geschulten Heere ordentlich schlagen! Frankreich und Belgien, so schon zweimal geschlagen, hat noch Schiß von 1870 her. England allerdings ist eine unangenehme Sache mit der Flotte fünfmal so groß wie unsere. Aber siegen wir nicht zu See, auf dem Land müssen wir siegen und wir werden siegen. Die Begeisterung überall ist unbeschreiblich. Besonders in den ersten Mobilmachungstagen, als die ersten Militärzüge vorbeifuhren, war das Hurra- und Hochrufen der begeisterten Soldaten und der zurückbleibenden Menge. Die vielen jungen Menschen, die da hinausfuhren und nicht wissen, sehen sie ihre Heimat wieder oder haben sie für immer Abschied genommen. Das Herz möchte einem brechen, denkt man daran, was die jungen Leute alles entgegengehn. Aber unter ihnen sind nur wenige, die sich in diesen Gedanken hineindenken, man sieht nur lauter fröhliche, zuversichtliche Gesichter. Die wollen nichts wissen von einem tragischen Abschied. Wenn dann die vielen, vielen beim Abfahren singen: „Lieb Vaterland magst ruhig sein", das klingt so beruhigend auf die Gemüter, es ist ein eigenes Gefühl, ein Stolz auf unser Vaterland, auf unsere Brüder, die da fortziehn, das man in Friedenszeiten gar nicht kennt. In München in der Kaserngegend ist ein Leben und Treiben, kaum zu sagen. Soldatentruppen, dann wieder ein Zug Kanonen, dazwischen Heuwägen, Wägen vollbeladen mit Komißwecken. Dann kommt wider ein Zug ausgehobener Pferde und so weiter von früh bis abend. In den Schulhäusern sind überall Soldaten einquartiert und sogar der botanische Garten ist eine Militärlagerstätte geworden. Die meisten haben feldgraue Uniformen, die mir sehr gut gefallen, aber die blauen werden auch noch aufgetragen. Papa ist immer sehr tief, tief in Gedanken. Er denkt nur Krieg, Krieg und wieder Krieg!

Walther Stoß in Frankreich 1915.

Er vertieft sich so in die schrecklichen Seiten der jetzigen Zeit, daß er ganz traurig ist, und das ist nicht schön. Walther hat sich als Freiwilliger gemeldet, bei der Fußartellerie ist er genommen worden. Heute rückt er ein.

Nachwort

Walther fiel 1917 in Frankreich. Krieg und Nach-
kriegsjahre veränderten die Richtungen und
Hoffnungen der alten Zeit. 1914 wurde die
Tierärztliche Hochschule der Tierärztlichen
Fakultät der Universität angeschlossen. Bis 1933
hielt Geheimrat Stoß dort Vorlesungen. 1915 war
er in Anerkennung seiner Verdienste zum Gehei-
men Regierungsrat ernannt worden, 1928 erhielt
er den Ehrendoktor der Universität Giessen,
1944 die Goethemedaille. Nach seiner Emeritie-
rung 1933 zog die Familie ganz nach Dachau.
1935 starb dort seine Frau Wilhelmine. Gretl
führte nun das Hauswesen. Toni wurde Tierarzt.
Er schlug die akademische Laufbahn ein, errang
Doktor- und Professorentitel, wurde 1934 Nach-
folger seines Vaters. Hanna wählte ebenfalls das
Lehrfach, promovierte mit einem biologischen
Thema, wurde Studienprofessorin im St. Anna
Gymnasium in München. Nach ihrer Pensionie-
rung zog auch sie 1947 nach Dachau. Dort starb
am 19. Oktober 1949 neunzigjährig der Vater. „Er
hat als Symbol der klassischen Vertretung seiner Disziplin zu gelten, da er noch fähig war, mit
einem ungeheuren Fachwissen alles, was von
früher her in dieser Disziplin erfahren und in sei-

ner Zeit erkannt und erforscht wurde, zu umspannen". So schrieben es seine Kollegen in den Nachruf. Ida hatte 1914 ihrem Tagebuch anvertraut: „Ich will einmal Polln verwalten". Sie wird dies längst vergessen haben, als der Wunsch in Erfüllung ging. Zunächst hatte sie als Assistentin ihres Vaters gearbeitet, 1933 dann das Abitur nachgeholt. Dem Medizinstudium folgte die Weiterbildung zur Fachärztin für Innere Krankheiten am Schwabinger Krankenhaus. 1947 eröffnete sie in Polln ihre Praxis, die sie bis 1970 ausübte. 1962 mußte sie von Gretl Abschied nehmen, 1972 von Hanna, 1974 dann von Toni. Hochbetagt lebte sie bei völliger geistiger Frische bis zu ihrem Tode am 27. April 1992 in ihrem geliebten Anwesen in Polln.

Anmerkungen

1 Peter Dorner: Gröbenbach oder Pollnbach? Amperland 1979. 521 - 525.

2 Ida Stoß und Peter Dorner: Die Amperauen beim Pollnhof. Amperland 1978. 343 - 345.

3 Historischer Atlas von Bayern. Teil Altbayern. Heft 11/12: Die Landgerichte Dachau und Kranzberg (bearbeitet von Pankraz Fried). München 1958. 156.

4 Vgl. dazu: Katalog „Otto Strützel 1855 - 1930. Ein Münchner Impressionist". Neue Pinakothek München 1989 (v. Horst Ludwig) und Horst Ludwig: Der Münchner Impressionist Otto Strützel. München 1990. Zu den ÷rtlichkeiten in Polln und Etzenhausen: Leserzuschrift Dorner in Amperland 1990. 529.

5 Heute Johann Ziegler Str. 13.

6 Heute Johann Ziegler Str. 15

7 Heute Feldigl Str. 17

8 Das Haus ist heute im Besitz der Stadt Dachau und wurde 1995 „entkernt" für einen modernen Innenausbau mit neuem Dach. Der Gesamtaspekt wurde gewahrt.

9 Arthur Roessler: Neu Dachau. Bielefeld und Leipzig 1905 (Reprint Dachau 1982).

10 Wie Anm. 9. 24ff.

11 Die bisher größte Sammlung von Abbildungen dieser sich meist in Privatbesitz befindlichen Bilder bringt Lorenz Josef Reitmeier: Dachau - Ansichten aus zwölf Jahrhunderten. 4 Bde. Dachau 1976, 1979, 1982, 1986. - Dem steht in der Aufarbeitung das Werk von Frau Prof. Thiemann-Stoedtner gegenüber, erschienen in zahlreichen Artikeln der Zeitschrift Amperland. In Buchform zusam-

mengefaßt: Ottilie Thiemann-Stoedtner und Gerhard Hanke: Dachauer Maler. Die Kunstlandschaft von 1891 - 1946. 2. Auflage Dachau 1989.

12 Professor Wilhelm von Rümann wurde 1887 als Lehrer für Bildhauerkunst an die Münchner Akademie der bildenden Künste berufen. In seinem Werk finden sich zahlreiche Statuen und Büsten des Prinzregenten Luitpold. Am bekanntesten sind die beiden Löwen vor der Münchner Feldherrnhalle.

13 Thiemann-Stoedtner u. Hanke wie Anm. 11. 326.

14 Wie Anm. 4: Katalog Nr. 3 u. 4.

15 Wie Anm. 4: Katalog Nr. 17

16 Dr. Ida Stoß glaubte sich zu erinnern, daß das Ehepaar Symons in den 20er Jahren noch einmal zu Besuch in Dachau war.

17 Horst Heres: Dachauer Gemäldegalerie. Dachau 1985. 274 mit Abb. und Bärbel Lange: Tony Binder (1868-1944). Dachauer Museumsschriften, Band 15.Dachau 1994.

18 Wie Anm. 13. 337.

19 Das Gipsmedaillon von 10 cm Durchmesser ist nicht signiert. Da sich im Stoß´schen Archiv eine Photographie von Reinhold findet, die offenbar als Vorbild gedient hat, ist es naheliegend anzunehmen, daß Ludwig Fürst die Plastik geschaffen hat, zumal auch an dessen Haus in der Pollnstraße Nr. 5 sich ein Medaillon findet. Letzteres stellt wahrscheinlich den Sohn Edgar Fürst dar.

20 Ebba Orstadius malte vorwiegend Landschaften und Stilleben. Sie wurde in Stenhag geboren und war später in Malmö ansässig. Ihr Werk besteht zum größten Teil aus Aquarellen und Zeichnungen. Vgl. Hans Vollmer: Künstlerlexikon. Bd.3. Leipzig 1956. 525.

21 Sigmund v. Riezler: Das glücklichste Jahrhundert bayeri-

scher Geschichte. 1806 - 1906. 3. Auflage. München 1911. 3, 13, 59.

22 Als Festschrift erschien: C. Hahn und Fr. Viandt: Geschichte der K. B. Zentral-Tierarzneischule München 1790 - 1890. München 1890.

23 Vgl. hierzu den Jubiläumsband: Darstellungen aus der Geschichte der Technik, der Industrie und Landwirtschaft in Bayern. Festgabe der Königlichen Technischen Hochschule in München zur Jahrhundertfeier der Annahme der Königswürde durch Kurfürst Maximilian IV. Joseph von Bayern. München 1906.

24 90 Jahre „In Treue fest" - Festschrift zum 90. Geburtstage und 25jährigen Regierungsjubiläum des Prinzregenten Luitpold von Bayern. München 1911. IV u. V.

25 Verwandter aus Hebertshausen.

26 Kosenamen für Margarethe, später in der Familie Gretl genannt.

27 1 Schuh = 0,29 m.

28 Baumeister Anton Mayer betrieb auch die nach ihm benannte Säge am Mühlbach, die sein Vater gegründet hatte. Sohn und Enkel wurden in Dachau Zahnärzte.

29 Thomasschlacke entsteht bei dem Thomas-Gilchristschen Verfahren der Verhüttung phosphorhaltiger Erze und wird gemahlen als Kunstdünger verwendet. Dies war 1897 eine Neuerung.

30 Am 16. 4. 1897 wurde Geheimrat Stoß zum außerordentlichen Professor ernannt.

31 Fassadenmaurer in der Schleißheimerstraße

32 Frau Kiesel war von 1897 - 1904 im Stoßschen Anwesen als Hausmeisterin tätig.

33 Die Säuglingsernährung mit Kuhmilch geht auf ein Sterilisationsverfahren des in München wirkenden Professors Franz Soxhlet (geb. 1848) zurück.

34 Hermann Gottschalk, Kunstmaler aus Eisleben (Thiemann-Stoedtner u. Hanke wie Anm. 13), war später vorwiegend als Schriftsteller tätig. Gestorben 1947. Vgl. Katalog zur Ausstellung „Dachau ist somit judenfrei..." im Foyer des Dachauer Rathauses 1988. Nr. 17 u. 40. - Hier ist Gottschalks erste Frau gemeint.

35 Zu Gardner Symons (1863 - 1930) siehe auch Thieme-Becker Künstlerlexikon.

36 Vgl. Albrecht Köberlin: Die evangelische Kirche im Landkreis Dachau. Amperland 4 (1968) 112ff. und Gerhard Hanke: Die Anfänge der evangelischen Kirchengemeinde in Dachau. Amperland 24 (1988) 150f.

37 Geschildert wird hier eine Wanderung durch das Land zwischen Dachau und Schleißheim, insbesondere jener idyllischen Auen, auf denen später das Konzentrationslager Dachau entstand. - Mit „Fasanerie" ist hier ein Wäldchen nahe der Schleißheimerstraße gemeint.

38 Der Vetter Ludwig Fürst (1887 - 1950), in der Familie „Wigo" genannt, wurde später Zeichenlehrer.

39 Die Etzenhausener Leite, auf der heute ein großer Friedhof und zwei Gedächtnisstätten für die Opfer des Konzentrationslagers sich befinden.

40 In dem neuen Haus - heute Johann Zieglerstr. 13 - wohnte der Vater von Frau Wilhelmine Stoß, Jakob Fürst, mit seiner unverheirateten Tochter Caroline.

41 Der Farbphotographie liegt die Überlegung von I. C. Maxwell (1855) zugrunde, von einem Objekt je eine Aufnahme durch einen Rot-, Grün- und Blaufilter zu machen. Die so gewonnenen Diapositive projizierte man mit je einer roten, grünen und blauen Lichtquelle übereinander. So entstand auf der Leinwand ein farbiges Bild.

42 Der Schriftsteller Wilhelm Jordan (1819 - 1904) war auch Abgeordneter im Frankfurter Parlament. Zahlreiche welt-

anschauliche Dichtungen, auch Bühnenstücke. In seiner 1877 erschienenen Gedichtsammlung „Andachten" behandelt die „Tabakspfeife" den Gedanken der Tradition.

43 Die Einführung der Elektrizität in München begann 1882 mit der Elektrizitäts-Ausstellung im Glaspalast. Die elektrische Straßenbeleuchtung wurde 1889 in Schwabing, 1893 in der ganzen Innenstadt installiert.

44 Gemeint ist Carl Reinhold mit Frau; vgl. Anm. 19.

45 Der Räuber Matthias Kneißl wurde 1902 in Augsburg hingerichtet.

46 In der Anatomie erfolgt die Eröffnung der Körperhöhle so, daß man einen guten Überblick über die Lage (lateinisch: situs) der Organe bekommt.

47 Gemeint ist das neue Haus in der Johann Ziegler Str. 13.

48 Fritz Scholl (1873 - 1952), Maler und Schriftsteller, lebte später in seinem Anwesen zwischen Dachau und Schleißheim, nach 1945 in der Pollnstraße. Vgl. Horst Heres: Dachauer Gemäldegalerie. Dachau 1985. 280 und Thiemann-Stoedtner u. Hanke wie Anm. 13. 342. Von Scholl erschien 1933 in München das Buch „Im Königreich Dachau".

49 Hannah Wilson - Freundin aus der Nachbarschaft.

50 Vgl. dazu den Bericht der Neuesten Nachrichten vom 3.4.1890, abgedruckt bei Ludwig Schrott: Der Prinzregent. München 1962. 180f.

51 Der Bruder von Ludwig Fürst (Anm. 38), Fritz Fürst, wählte die militärische Laufbahn und wurde später General.

52 Vandalia - studentisches Corps, gestiftet 1842 in Heidelberg.

53 Der Halleysche Komet hat eine Umlaufzeit um die Erde von 76 Jahren. Am 19. Mai 1910 passierte die Erde einen

Teil des 25 Millionen km langen Schweifes. Während der
Komet 1910 gut erkennbar war, blieb er 1986 für das bloße
Auge unsichtbar.

54 Elisabeth Steinmann war öfter zu Besuch im Hause Stoß.
Sie schrieb lyrische Gedichte. Elisabeth Steinmann: Von
Sonnen- und Regentagen. Meiningen 1912.

55 Wie Anm. 54, S. 63: „Auf Bergeshöhen".

56 Am 5. November 1913 war die Königsproklamation Lud-
wigs III. erfolgt, der bisher Prinzregent für den geistes-
kranken König Otto war. Der Antrittsbesuch Kaiser Wil-
helms II. galt dem neuen bayerischen König.

57 Der Männerturnverein (MTV) wurde 1879 gegründet.

58 Die Höhere Mädchenschule Simm-Doflein, vormals Ker-
schensteiner, befand sich in Schwabing, Franz Joseph-
straße 31.

Abbildungsnachweis:

Register